KB105836

전나무 노거수는
일제의 신목神木이다

전나무 노거수는 일제의 신목神木이다

발행일 2024년 4월 26일

지은이 박찬우
펴낸이 손형국
펴낸곳 (주)북랩
편집인 선일영
편집 김은수, 배진용, 김부경, 김다빈
디자인 이현수, 김민하, 임진형, 안유경, 최성경
제작 박기성, 구성우, 이창영, 배상진
마케팅 김회란, 박진관
출판등록 2004. 12. 1(제2012-000051호)
주소 서울특별시 금천구 가산디지털 1로 168, 우림라이온스밸리 B동 B113~115호, C동 B101호
홈페이지 www.book.co.kr
전화번호 (02)2026-5777
팩스 (02)3159-9637

ISBN 979-11-7224-087-5 93910 (종이책)
979-11-7224-088-2 95910 (전자책)

전나무 노거수는
일제의 신목神木이다

박찬우 지음

북랩

머리글

우리나라 대부분의 큰 사찰에는 전나무 노거수가 있다. 전나무는 오대산 중턱에나 올라가야 자생하는 나무이다. 그런 전나무가 남부지방 여러 사찰에 있는 것은 산림학을 전공한 필자 눈에는 이상한 일이었다. 소나무 노거수가 있어야 자연스러운 곳에 왜 전나무 노거수가 있는 것일까?

'전나무 노거수는 일제의 신목(神木)이다'라는 가설을 세우고 수년간 사찰, 왕릉, 공공시설 등 70여 곳을 답사하였다. 일본불교가 조선포교를 시작한 1877년부터 1945년 사이에 심어진 것으로 추정되는 가슴높이 직경 60~100㎝ 크기 전나무가 19곳에 있었고 그중 13곳이 60~69㎝ 크기에 집중되어 있었다. 즉, 일제강점기 중 길지 않은 특정 기간에 전나무가 집중적으로 심어진 것이다. 60~69㎝ 크기 전나무는 수많은 식재 기록을 근거로 일제강점기에 심어진 것을 확언할 수 있다. 60~100㎝ 크기의 전나무 노거수는 일제가 심은 것이다.

일본 나가노(長野)현 스와(諏訪)대사[1] 홈페이지는 "삼한정벌 때 신공왕후를 도운 '風神과 海神'이 스와대사의 제신(祭神)이다"라고 안내하고 있다.

---

1) 신사 중 규모가 큰 신사를 대사라고 한다. 고유명일 때는 대사라는 용어를 쓰고 통칭명일 때는 신사라는 용어를 쓰기로 한다.

일제강점기 즈음 조선에 심어진 전나무는 일본 스와대사 전나무 신주(神柱)와 같은 의미로 심은 것이다. 스와대사 제신이 깃들어 조선에 있는 일본인에게 신덕(神德)이 내려지기를 바라며 일제가 조용히 심은 것이다.

때문에 사찰, 왕릉, 대관령 산신당, 통영 이순신 장군 사당 충렬사, 양주 권율 장군 묘소 앞산, 경주문화원, 남한산 초등학교, 중앙선 신림역, 북한산 정릉탐방안내소 등 우리 국토 곳곳에 전나무 노거수가 남아 있다.

일제강점기 즈음 일제가 전나무를 신목(神木)으로 심었다는 것을 알고 있던 선배들이 이를 바로잡지 않은 채 긴 시간이 흘렀다. 불국사는 아예 일본전나무를 심었다. 육군훈련소, 해병부대 정문, 항일운동 열사 사적지에도 전나무를 심었다. 학교에서는 일제가 심은 전나무 노거수 살리기 운동을 하고 있다.

잊힌 역사는 반복된다는 기막힌 현실을 똑바로 보아야 한다. 일제가 은밀히 숨긴 일이라면 더욱 명확히 밝혀야 한다. 그래야만 동반의 길로 나아갈 수 있다.

여러 분야 전문가들의 관심과 비판을 기대한다. 아내에게 이 글을 바친다.

2024년 봄

박찬우

제6장 결론

別章 일제는 조선의 신목(神木)도 탄압하였다

序章

조사 경위, 방법, 결과 및 금후 과제

1. 전나무 노거수 조사 경위

우리 국토 곳곳에 전나무 노거수가 있다. 생육조건에 어울리지 않는 남부지방 사찰에 있는 전나무 노거수가 호기심을 자극하였고, 조선고적도보 사찰과 왕릉 사진에 사람이 심은 것이 분명한 어린 전나무들을 보고 어떤 의도에 따라 조직적으로 심은 것이라는 생각을 하게 되었다.

만약 일제가 심은 것이라면 임진왜란 사적지에도 심었을 것이라는 생각에 찾아간 이순신 장군 사당 통영 충렬사, 양주 권율장군 묘소에 전나무 노거수가 있었거나 있는 것을 보고 생각이 적중한 것에 대한 놀라움, 전나무가 일제의 신목이라는 사실을 알고 있었을 텐데 이를 청산하지 않은 선배들에 대한 섭섭함, 온갖 생각에 가슴이 답답하였다.

일제강점기에 발행된 수많은 사진엽서의 공공시설 현관 좌우에 심어진 서너 본의 어린 전나무 모습을 보며 일제가 심은 것이라는 확신을 하게 되었다.

현존하는 전나무 노거수를 찾아 사찰, 임진왜란 사적지, 학교, 철도역, 일본인 별장, 왕릉 등 70여 곳을 답사하였다.

2. 전나무 식재년도, 크기 등 추정 방법

필자가 밝히려고 하는 것은 이 전나무 노거수를 누가 심었느냐 하는 것으로, 언제 심어졌는지가 밝혀지면 심은 주체도 쉽게 알 수 있는 일이다.

현존하는 전나무 노거수가 언제 심어진 것인지는 나무 나이테에 있는 연륜으로 쉽게 알 수 있다. 그러나 나무 연륜은 나무에서 플라스틱 빨대 같은 둥글고 긴 조직을 추출해야만 한다. 나무에 물리적 손상이 가해지는 일이어서 소유자의 허락이 없으면 할 수가 없는 일이다.

조선고적조사는 1909년부터 1913년 이루어졌다고 한다. 따라서 조선고적도보 사찰과 왕릉 사진은 1911년에 촬영된 것으로 일괄 가정하였다. 사찰과 왕릉 사진 속 전나무 높이에 의한 나무 나이 추정, 식재년도를 추정하였다.

학술지 등에 있는 기록, 국립공원 안내판, 인터넷에 있는 통영 충렬사 전나무 나이테 사진과 나무 나이에 의한 식재년도 추정, 학교 철도역 등 공공시설 식재 관련 사건년도 등으로 전나무 식재년도를 추정하였다.

우리가 알고자 하는 것은 전나무가 언제 심어졌냐 하는 것이다. 따라서 가장 큰 전나무가 나무 나이도 가장 많을 것이라는 생각에 전나무가 많은 곳이나 한두 본 있는 곳이나 답사 현장에서는 가장 큰 직경의 나무를 조사하였다.

전나무 노거수 관찰은 심어져 있는 위치를 기록하고, 가슴높이 직경은 직경테이프로, 나무 높이는 목측(目測)하였다.

3. 주요 결과

① [표 6-1]에 나타낸 조선고적도보 사찰, 왕릉 사진과 일제강점기 공공시설 사진 17장에 어린 전나무가 있다. 각 주체가 독자적으로 나무를 심었는데 우연히 전나무로 통일된 것이라고는 볼 수 없다. 일제의 식재 지침에 의해 심어진 것이다.

② '전나무 노거수는 일제의 신목(神木)이다'라는 가설을 세우고 수년간 사찰, 왕릉, 공공시설 등 70여 곳을 답사하였다. [표 6-2]에 대표적인 34곳의 전나무 크기를 나타내었다. 일본불교가 조선 포교를 시작한 1877년부터 1945년 사이에 심어진 것으로 추정되는 가슴높이 직경 60~100㎝ 크기 전나무가 19곳에 있었고 그중 13곳이 60~69㎝ 크기에 집중되었다. 즉, 일제강점기 중 길지 않은 특정 기간에 전나무가 집중적으로 심어진 것이다. 60~69㎝ 크기 전나무는 수많은 식재 기록을 근거로 일제강점기에 심어진 것을 확언할 수 있다. 60~100㎝ 크기의 전나무 노거수는 일제가 심은 것이다.

③ 일본 스와대사 홈페이지에는 삼한정벌 때 신공왕후를 도운 '風神과 海神'이 스와대사의 제신(祭神)이라고 안내하고 있다.

스와대사 제신(祭神)이 신공왕후 삼한정벌 때 신덕(神德)을 내린 것처럼, 명치시대 조선에 있던 일본인에게도 같은 신덕이 내려지기를 바라며 스와대사 전나무 신주(神柱)와 같은 의미로 조선에 전나무를 심은 것이다.

④ 일제강점기 즈음 일제가 전나무를 신목(神木)으로 심었다는 것을 알고 있던 선배들이 이를 바로잡지 않은 채 긴 시간이 흘렀다. 우리 주변에 있는 전나무 노거수의 식재 이유가 밝혀지지 않은 결과 불국사는 일본전나무를 심었고, 육군훈련소, 해병부대 정문에도 전나무를 심었다. 학교에서는 일제가 심은 전나무 노거수 살리기 운동을 하고 있다. 잊힌 역사는 반복된다는, 가슴 아픈 현실이 나타나고 있다. 일제가 은밀히 숨긴 일이라면 더욱 명확히 밝혀야 한다. 그래야만 동반의 길로 나아갈 수 있다.

4. 금후 과제

① 현존하는 전나무 노거수의 나무 나이를 재차 측정해보자. 가슴높이 직경이 가장 큰 100㎝급이 1877년 일본불교 조선 포교 이후에 심어진 것으로 다시 확인된다면 일제가 심었다는 필자의 주장은 더욱 설득력을 갖게 된다.

② 스와대사의 神柱用材를 近年에 전나무로 바꾸었다는 일본 社叢학회지 기록에서 近年이 언제인지 이중, 삼중으로 조사해보자. 명치시대인 것이 재차 확인된다면 스와대사 神柱와 같은 의미로 조선에 전나무를 심기 위해 명치 정부가 바꾼 것이라는 필자의 주장은 더욱 강력해진다.

③ 경기도 남양주 광릉 주변 전나무 노거수 유전자분석을 해보자. 일본전나무의 특성이 나타나는 전나무 노거수가 있다면 조선총독부 광릉 묘포를 매개로 한 일제의 전나무 관련성은 더욱 뚜렷해진다.

④ 조계종 경북 5개 교구 본사에 전나무 노거수가 있었는지 조사해보자. 모두 없앴다면 왜 없앤 것인지 조사해보자. 혹시라

도 관련 기록이 있는지 찾아보자.

⑤ 2020년까지 추진된 '영·영릉(英·寧陵) 유적 종합정비사업'에서 세종 영릉 수라간 뒤쪽 전나무 노거수 3본 벌채 경위를 조사해보자. 문화재청은 전나무 노거수를 왜 베어냈을까?

⑥ 불국사에 일본전나무가 심어지게 된 경위를 조사해보자. 육군훈련소와 해병부대 정문에 전나무가 심어진 경위를 조사해보자. 혹시라도 일본과의 교류를 통해서 심어졌다면 일제는 아직도 조선에 전나무를 심고 있는 것이다.

제1장

사찰의 전나무

1. 조선고적도보 사진과 현재의 전나무

조선고적도보 사진 속의 전나무

조선고적도보는 조선총독부가 1915년부터 1935년까지 20년에 걸쳐 총 15권으로 발행한 화보집이다. 조선의 문화재 사진 6,633장이 수록되어 있다. 조선고적 조사 사업은 1909년 대한제국 정부가 일본 통감부에 의뢰해 시작되었고, 조사 작업은 1909년부터 1913년에 이루어졌다고 한다.

조선고적도보 사찰 사진에는 전나무가 있는 사진이 다섯 장 이상이다. 그러나 전나무 위치나 형태로 보아 사람이 심은 전나무가 분명한 다섯 장만을 분석 대상으로 하였다.

사진 촬영년도는 조사 작업 기간의 중간년도인 1911년으로 일괄 가정하였다. 조선고적도보 사진 속 전나무 크기에 의한 나이 추정과 사진 촬영년도가 있으면 나무가 심어진 년도의 추정이 가능해 진다.

조선고적도보 사진과 현재 사찰에 현존하는 전나무 조사 자료 등을 바탕으로 사찰에 있는 전나무가 언제 심어진 것인지 추정하였다.

오대산 월정사

전나무 노거수 숲길로 가장 유명한 사찰은 단연 오대산 월정사이다. 그러나 월정사 전경 [사진 1-1]에는 사찰 뒤편 산지에 자생하는 전나무 모습은 보이나, 사찰 주변 특히 일주문으로 추정되는 사진 오른쪽 아래편 전각 주변에 전나무 모습은 보이지 않는다. 1911년에 촬영된 사진에 사람이 심은 전나무는 없는 것이다.

월정사 일주문부터 천왕문 직전 금강교 사이에 있는 전나무 본수, 크기, 나이는 2007년에 조사되어 학회에 보고된 바 있다.[2)]

당시 전나무 생육상태조사는 20m×20m 표준지를 166개소나 설치할 정도로 정밀한 조사였다. 가슴높이 직경 100㎝ 이상인 나무가 8본이었고, 가장 나이가 많은 나무는 130년생이라고 하였다. 2024년 현재 147년생이고, 숲을 조성할 때 심는 5년생 묘목이 심어졌다고 가정하면 1882년에 심은 것이다. 여기서 1877년에 일본불교가 조선 개교를 시작하였음을 기억하고 가자.

1911년에 촬영된 월정사 전경 [사진 1-1]에 1882년에 심어진 전나무 모습이 보이지 않는 것은 어떤 자료가 부정확한 것인지 추가 조사가 필요한 일이다.

---

2) 이경재 등. 2007. 오대산 국립공원 월정사 입구 전나무림 식생구조 특성 및 식생관리방안 연구. 한국환경생태학회 학술발표논문집 2007권 1호:46-50.

[사진 1-1] 조선고적도보 5444번 사진. 오대산 월정사 전경

[사진 1-2] 오대산 월정사 천왕문 앞 전나무. 2015년 촬영

필자가 2015년 월정사를 답사하였을 때는 [사진 1-2]와 같이 천왕문 앞에 가슴높이 직경 100㎝, 목측으로 나무 높이 30m는 되어 보이는 전나무 2본이 가장 큰 것으로 관찰되었다.

전북 부안군 내소사

사찰 전나무 노거수 숲길로 다음을 꼽으라 하면 단연 전라북도 부안군 내소사이다. 현장에 있는 변산반도 국립공원 안내판에는

[사진 1-3] 전북 부안 내소사 종루 앞 전나무. 2015년 촬영

전나무 나이를 2008년 기준 110년이라고 표시하고 있었다. 숲을 조성할 때 심는 5년생 묘목이 심어졌다고 가정하면 1903년에 심은 것이다. 역시 일본불교 조선 개교(1877년) 이후에 심어진 것이다.

필자가 2015년 내소사를 답사하였을 때는 천왕문 안쪽에 있는 종루 앞의 가슴높이 직경 60㎝, 나무 높이는 목측으로 15m 정도 되는 [사진 1-3]의 전나무가 가장 큰 것으로 관찰되었다.

속리산 법주사

[사진 1-4]는 법주사 천왕문 사진이다. [사진 1-5]에 있는 2본의 전나무 노거수가 없다. 2본의 전나무는 사진 촬영년도(앞에서 1911년으로 가정) 이후에 심어진 것이다.

필자가 2015년 법주사를 답사하였을 때 2본의 전나무 가슴높이 직경은 모두 80㎝였다. 나무 높이는 목측으로 25m는 되어 보였다.

[사진 1-4] 조선고적도보 5448번 사진. 법주사 천왕문

[사진 1-5] 속리산 법주사 천왕문 앞의 전나무 2본. 2015년 촬영

설악산 신흥사

속리산 법주사 천왕문 앞에 있는 것처럼 2본의 전나무를 나란히 심은 식재 형태는 [사진 1-6]과 같이 설악산 신흥사 천왕문 앞에서도 볼 수 있다.

필자가 2015년 신흥사를 답사하였을 때 2본의 전나무 가슴높이 직경은 모두 66㎝였고 나무 높이는 목측으로 25m 정도였다.

[사진 1-6] 설악산 신흥사 천왕문 앞의 전나무 2본. 2015년 촬영

[사진 1-7]은 1899년 인천에 세워진 일본 본원사 인천별원 모습이다.[3] 2본 쌍을 이루어 심는 나무는 일본 사찰이나 신사에서 흔히

3) kila.jams.or.kr

볼 수 있는 부부신목(夫婦神木)의 식재 형태이다.

[사진 1-7] 일본 본원사 인천별원(1899)

합천 해인사

[사진 1-8]은 합천 해인사 전경이다. 사찰 뒤편 먼 산에는 나무가 거의 없다. 사찰 전각 중 가장 뒤편의 횡으로 긴 전각이 대장경판전이고, 그 앞 전각이 대웅전이다.

대장경판전 바로 뒤편에는 사찰 때문에 보호된 소나무 숲이 있고, 대웅전 앞쪽 소나무보다 검게 보이는 나무가 전나무이다. 전나무 높이가 주변 가옥 지붕 높이의 약 2배로, 7m는 되어 보인다.

[사진 1-9]는 해인사 대웅전 앞에서 [사진 1-8]의 반대 방향 앵글로 2015년에 촬영한 것이다. [사진 1-8]의 전나무가 지금은 노거수로 성장해 있음을 볼 수 있다.

[사진 1-8] 조선고적도보 5562번 사진. 합천 해인사 전경

필자가 2015년 해인사를 답사하였을 때는 [사진 1-10]의 일주문 안 오른쪽 전나무가 가슴높이 직경 100㎝로 가장 큰 나무로 관찰되었다. 나무 높이는 목측으로 30m는 되어 보였다. 해인사는 일주문 안과 밖 주변에 전나무 노거수가 특히 많다.

[사진 1-9] 해인사 대웅전 앞에서 [사진 1-8]의 반대 방향. 2015년 촬영

[사진 1-10] 해인사 일주문 안 전나무. 2015년 촬영

양산 통도사

[사진 1-11] 조선고적도보 5527번 사진. 양산 통도사 전경

[사진 1-11]은 양산 통도사 전경이다. 사찰 전각 위치로 보아 천왕문으로 보이는 전각의 안쪽과 바깥쪽에 검게 보이는 나무가 전나무이다. 적어도 5본은 되어 보이고, 나무 높이는 천왕문 높이 약 2배로 7m는 되어 보인다. [사진 1-8] 해인사 전나무와 비슷한 크기로, 거의 동일 시기에 심어진 것으로 추정된다.

금정산 범어사

[사진 1-12] 조선고적도보 5552번 사진. 금정산 범어사 대웅전 전경

[사진 1-12]는 부산 금정산 범어사 대웅전 전경이다. 대웅전 앞에 3본의 전나무가 심겨져 있다. 제일 큰 나무의 높이가 3m는 되어 보인다.

공주 마곡사

[사진 1-13] 공주 마곡사 대웅전 주변의 전나무. 2015년 촬영

[사진 1-13]은 공주 마곡사 대웅전 주변 전나무 노거수 모습이다. [사진 1-12]의 금정산 범어사 대웅전 앞에 심어진 전나무가 노거수로 성장한 사례이다.

마곡사 대웅전 오른쪽 뒤편으로는 속리산 법주사 천왕문 앞과 설악산 신흥사 천왕문 앞에서 본 2본의 전나무(일본 사찰이나 신사의 부부신목 식재 형태) 모습도 보인다.

필자가 2015년 마곡사를 답사하였을 때 대웅전 왼쪽 전나무가 가슴높이 직경 66㎝로 가장 큰 나무로 관찰되었다. 나무 높이는 목측으로 20m 정도 되어 보였다.

평북 묘향산 보현사 묘탑군

[사진 1-14] 조선고적도보 5784번 사진. 보현사 묘탑군 전경

[사진 1-14]는 보현사 묘탑군 전경이다. 위키백과 보현사 기록[4]에 따르면, 보현사는 묘향산 어귀 향천산 기슭에 위치한 사찰이다. 팔만대장경 판본이 보관되어 있던 사찰이고 오늘날 북한 불교 총본산 역할을 담당하고 있다고 한다.

보현사는 임진왜란 당시 승병을 일으켜 왜군과 싸워 공을 세운 서산대사 휴정과 그 제자 사명대사 유정의 연고가 있는 절이라고 하며, 1603년(선조 36년) 서산대사 휴정은 묘향산으로 돌아와 그 이듬해 묘향산 금강굴에서 입적하였다고 한다.

---

4) ko.wikipedia.org/보현사_(묘향산)

임진왜란 당시 일본군이 두려워하던 서산대사 유골이 어떤 부도엔가 있을 것이 분명한 묘탑군 주변에 사람이 심은 전나무 4본이 뚜렷하다. 전나무 높이는 사람 키보다는 커 보여 약 4m로 추정하였다.

묘탑군 위쪽 사면에도 사람이 심은 것이 분명한 나무들이 보이나 전나무와는 다른 나무로 보인다. 나무 크기가 비슷한데 묘탑 옆 전나무는 일부러 가려 심은 것이다. 전나무 식재 의미가 산지에 심어진 나무와는 다르다는 추론이 가능하다.

회양 표훈사 백화암 서산대사비

[사진 1-15]는 표훈사 서산대사비 전경이다. 한국민족문화대백과사전 기록[5]에 의하면 '북한 강원도 금강군 내금강면 백화암에 있는 승려 서산대사 휴정의 탑비'라고 설명하고 있다. 1632년(인조 10년)에 제작되었으며 비문에는 승병 5천 명을 거느리고 왜병을 무찌른 공적이 적혀 있다고 한다.

이 석비가 위치한 자리는 서산대사가 1600년경에 집을 짓고 공

5) encykorea.aks.ac.kr/Article/E0027812

부하던 암자가 있던 곳인데 오래전에 없어졌고, 그 암자가 있던 자리에 서산대사, 사명당 등의 초상을 모셨던 수충영각(酬忠影閣) 건물이 있었으나 6·25 동란 때 소실되었다. 과거에는 일명 '표훈사(表訓寺) 서산대사비'라고 불렀다고 한다.

비석 뒤로 사람이 심은 전나무 2본이 분명하다. 사람 키의 두 배보다 조금 더 커 보인다. 전나무 높이는 4m로 추정된다.

[사진 1-15] 조선고적도보 5840번 사진. 표훈사 서산대사비 전경

2. 경북 5개 교구 본사 전나무 노거수 없는데, 다시 심는 사찰

한국불교 조계종은 24개 교구로 나뉘어져 있다. 1911년에 촬영된 조선고적도보 사진을 보면 전나무가 심겨 있던 해인사, 통도사, 범어사뿐만 아니라 많은 교구 본사에는 전나무, 일본 수종(삼나무, 편백)이 심어졌고, 지금도 사찰의 노거수로 우뚝 서 있다.

필자는 제주 관음사를 제외하고 모든 교구 본사를 답사하였다. 또 다른 놀라운 일이 있었다. 경상북도 지역에 있는 다섯 개 교구 본사, 북쪽부터 의성 고운사, 영천 은해사, 대구 동화사, 김천 직지사, 경주 불국사에는 단 한 본의 전나무 노거수도 없다는 사실이었다.

두 가지 스토리가 생각되었다. 일본불교 조선 개교가 시작된 1877년부터 일제강점기가 끝난 1945년까지 68년간 직간접적으로 전나무 심기를 강요받았을 텐데 그 요구를 끝까지 거절한 것일까? 일제강점기에는 교구 본사 주지가 대부분 일본인 승려여서 자발적으로 심었을 수도 있었다.

아니면 위의 다섯 개 사찰에 전나무 노거수가 한 본도 없는 것은 1945년 이후 다섯 개 사찰에 계셨던 스님들이 전나무를 모두 베어내고 그루터기까지 없애 버렸을 가능성이 있다. 당시 스님들이 사찰에 심어진 전나무가 일제의 신목(神木)이라는 사실을 알고 있었던 것이다.

그리고 다시 또 놀라웠던 일은 당시 전나무를 베어버린 다섯 개 사찰 스님들께서 나무를 없앤 사실을 기록해두지 않은 것인지, 김천 직지사와 경주 불국사에서는 다시 전나무를 심고 있다는 점이다.

김천 직지사

[사진 1-16] 김천 직지사 부도 주변의 전나무. 2017년 촬영

[사진 1-16]은 김천 직지사 사진이다. 부도와 공덕비 주변에 전나무를 다시 심고 있다. 필자가 2017년 직지사를 답사하였을 때 부도 주변에 다섯 본 정도 전나무가 있었고 가슴높이 직경 48, 50㎝였으며 목측된 나무 높이는 큰 것이 18m는 되어 보였다. 나무 크기로 보아 1945년 이후에 심어진 것이다.

경주 불국사

[사진 1-17]은 경주 불국사 청·백운교 앞 오른쪽 길 옆에 심어진 전나무 모습이다. 그것도 일본전나무이다. 전나무 종류는 제6장 「3. 한국과 일본의 전나무」에서 설명하기로 한다.

필자가 2017년 불국사를 답사하였을 때 전나무의 가슴높이 직경은 58㎝, 48㎝, 35㎝였다. 목측된 나무 높이는 15m 정도로 보였다.

어떻게 해서 일본전나무를 심게 되었을까? 잊힌 역사는 반복된다는 명제의 현장을 보고 있는 것이다.

[사진 1-17] 경주 불국사. 청·백운교 오른쪽 길. 일본전나무. 2017년 촬영

3. 조선고적도보 사진,
현재 전나무 식재년도, 식재자 추정

조선고적도보 사진 속 전나무 식재년도 추정

전나무 숲 나이와 나무 크기에 관해 조사해놓은 자료는 조선총독부 임업시험장이 1940년 발행한 『선만 실용 임업편람(鮮滿 實用 林業便覽)』[6]에 있다. 그러나 이 자료의 전나무 숲이란 오대산 중턱 등에 자연적으로 자란 전나무 숲을 말한다. 따라서 사람이 직접 심은 전나무보다 자라는 속도가 많이 떨어진다.

임업편람 전나무 숲 입지 등급은 1등지부터 5등지까지 다섯 등급으로 나누어져 있다. 사람이 사찰 옆에 심은 전나무 높이로 나무 나이를 추정하려고 하는 경우이니, 가장 좋은 1등지 수치를 사용한다.

임업편람에는 [표 1-1]과 같이, 나무 나이가 10년 간격으로만 표시되어 있다. 10년 차이를 1년씩으로 환산하여 [표 1-2]에 표시한다.

6) 조선총독부 임업시험장. 1940. 鮮滿 實用 林業便覽. 1058.

[표 1-1] 전나무 1등지 숲의 나이와 나무 평균 높이

숲의 나이 (년)	10	20	30	40	50
평균 높이 (m)	1.6	5.9	10.0	14.0	17.9
숲의 나이 (년)	60	70	80	90	100
평균 높이 (m)	21.2	24.2	27.0	29.3	31.3

[표 1-2] 전나무 1등지 숲의 나이와 평균 높이 환산표

숲의 나이 (년)	11	12	13	14	15
평균 높이 (m)	2.0	2.5	2.9	3.3	3.8
숲의 나이 (년)	16	17	18	19	20
평균 높이 (m)	4.2	4.6	5.0	5.5	5.9
숲의 나이 (년)	21	22	23	24	25
평균 높이 (m)	6.3	6.7	7.1	7.5	8.0
숲의 나이 (년)	26	27	28	29	30
평균 높이 (m)	8.4	8.8	9.2	9.6	10.0

여러 사찰에 전나무가 심어졌고 그 위치도 천왕문, 대웅전, 묘탑 등 다양하나 나무 크기는 범어사 대웅전 앞 전나무가 3m로 가장 작았고, 합천 해인사 양산 통도사 전나무는 7m로 추정되었다. 나무 높이로 보아 심은 지 얼마 안 된 어린 나무들이다.

앞에서 조선고적도보 사진은 일괄 1911년에 촬영된 것으로 가정키로 하였다. 이제 사진에서 추정한 전나무 높이를 갖고 [표 1-2]를

이용하여 나무 나이를 추정할 수 있다.

산에 숲을 조성할 때 심는 5년생 묘목이 심어진 것으로 가정하면 전나무가 심어진 년도를 추정할 수 있다. 해인사나 통도사는 1893년에, 보현사나 표훈사는 1900년에, 범어사는 1903년에 심어진 것으로 추정된다.

조선고적도보 사찰 사진 속 전나무 위치, 나무 높이, 추정된 나무 나이, 식재년도를 [표 1-3]에 나타낸다.

[표 1-3] 조선고적도보 사진 속 전나무 위치, 본수, 나무 높이, 식재년도 추정

구분	전나무 위치	본수	목측 높이(m)	나무 나이(년)	식재 년도(년)
합천 해인사	사찰 담장 밖	5본 이상	7	23	1893
양산 통도사	천왕문 안팎	5본 이상	7	23	1893
금정산 범어사	대웅전 앞	3	3	13	1903
묘향산 보현사	묘탑군 주변	4	4	16	1900
금강군 표훈사	서산대사비 주변	2	4	16	1900

사찰에서 조사된 전나무 노거수 식재년도 추정

필자가 답사한 각 사찰에서 가장 큰 나무를 가슴높이 직경 순으로 집계하면 [표 1-4]와 같다.

전나무 노거수는 대강 100㎝ 이상, 80㎝ 이하~60㎝ 이상, 60㎝ 이하의 세 집단으로 구분할 수 있다.

[표 1-4] 전나무 노거수 위치, 본수, 직경 등 집계표

<table>
<tr><th>구분</th><th>전나무 위치</th><th>본수</th><th>직경
(cm)</th><th>목측
높이
(m)</th><th>나무 나이 조사 등
관련 기록</th><th>답사
시기</th></tr>
<tr><td>월정사</td><td>천왕문 앞 오른쪽</td><td>2</td><td>100</td><td>30</td><td>2007년 130년생,
2024년 147년,
5년생 식재, 1882년
식재</td><td rowspan="6">2015</td></tr>
<tr><td>해인사</td><td>일주문 안 오른쪽</td><td>1</td><td>100</td><td>30</td><td></td></tr>
<tr><td>법주사</td><td>천왕문 앞 좌우</td><td>2</td><td>80</td><td>25</td><td></td></tr>
<tr><td>신흥사</td><td>천왕문 앞 왼쪽</td><td>2</td><td>66</td><td>25</td><td></td></tr>
<tr><td>마곡사</td><td>대웅전 앞 왼쪽</td><td>1</td><td>66</td><td>20</td><td></td></tr>
<tr><td>내소사</td><td>천왕문 안</td><td>1</td><td>60</td><td>15</td><td>2008년 110년,
2024년 126년,
5년생 식재, 1903년
식재</td></tr>
<tr><td>불국사</td><td>청·백운교 오른쪽 길</td><td>3</td><td>58</td><td>15</td><td>일본전나무</td><td rowspan="2">2017</td></tr>
<tr><td>직지사</td><td>부도 뒤편</td><td>5</td><td>50</td><td>18</td><td></td></tr>
</table>

나무는 위치 조건에 따라 생장에 차이가 나고 특히 사람 가까이 있는 나무는 손길에 따라 생장 차이가 더 크게 난다. 따라서 심은 지 수십년이 넘은 나무는 크기만으로 나이를 추정하는 것은 거의 불가능에 가깝다.

다행히 월정사와 내소사는 조사 자료가 있어 식재년도가 거의 분명하다.

조선고적도보 사진 속 전나무와 현재 사찰 전나무 비교를 통한 식재자 추정

[표 1-5] 조선고적도보 사진 속 전나무와 현재 사찰 전나무 비교표

<table>
<tr><th>구분</th><th>전나무 위치</th><th>구분</th><th>본수</th><th>직경
(cm)</th><th>목측
높이
(m)</th><th>식재
년도
(년도)</th></tr>
<tr><td rowspan="5">조선
고적
도보
사진 속
전나무</td><td>사찰 담장 밖</td><td>해인사</td><td>5본 이상</td><td rowspan="5">-</td><td>7</td><td>1893</td></tr>
<tr><td>천왕문 안밖</td><td>통도사</td><td>5본 이상</td><td>7</td><td>1893</td></tr>
<tr><td>대웅전 앞</td><td>범어사</td><td>3</td><td>3</td><td>1903</td></tr>
<tr><td>묘탑군 주변</td><td>보현사</td><td>4</td><td>4</td><td>1900</td></tr>
<tr><td>서산대사비
주변</td><td>표훈사</td><td>2</td><td>4</td><td>1900</td></tr>
</table>

필자가 답사한 사찰에 있는 전나무	일주문 안	해인사	1	100	30	
	천왕문 앞	월정사	2	100	30	1882
		법주사	2	80	30	
		신흥사	2	66	25	
	대웅전 앞	마곡사	1	66	20	
	천왕문 안	내소사	1	60	15	1903
	청·백운교 오른쪽 길	불국사	3	58	15	일본 전나무
	부도 뒤편	직지사	5	50	18	

[표 1-3]의 조선고적도보 사진 속 전나무와 [표 1-4]의 현재 사찰에 있는 전나무 노거수의 비교를 위해 두 개의 표를 합하여 [표 1-5]에 표시하였다.

조선고적도보 사진 속 어린 전나무와 사찰에 현존하는 전나무 노거수의 관계를 통해 몇 가지를 추론할 수 있다.

첫째, 조선고적도보 사진 속 어린 전나무가 사찰에 현존하는 전나무 노거수와 같은 나무인가 하는 문제이다.

조선고적도보 사진 속 전나무의 추정 식재년도와 월정사, 내소사 조사기록에서 확인된 식재년도가 1880년에서 1900년으로 거의 일치하는 점과 식재 위치가 천왕문, 대웅전, 부도 주변으로 거의 일치한다는 점에서 조선고적도보 사진 속 어린 전나무가 사찰에 현존하는 전나무 노거수로 자란 것이 분명하다.

둘째, 그러면 조선고적도보 사진 속 어린 전나무를 누가 심었느냐 하는 문제이다.

1880년부터 1900년 즈음, 각 사찰이 독자적으로 나무를 심었는데 우연히 비슷한 시기에 심었고, 나무 종류도 우연히 전나무로 통일되었다고 생각하기는 어렵다. 어떤 조직에 의해 계획적으로 심어진 것이다.

필자는 제5장 「2. 신불분리령, 폐불훼석, 일본불교의 조선 포교」에서 일본불교의 조선 포교가 1877년 시작되었고, 1910년 무렵에는 일본불교 6개 종단이 167개에 달하는 포교 거점을 확보, 조선은 일본불교 종단의 각축장이 되어 가고 있다는 논설[7]을 인용하였다.

조선고적도보 사진에 있는 어린 전나무들은 식재년도가 모두 1877년 이후이고 나무 위치가 사찰이라는 점을 들어 일본불교 조선 포교 과정에서 심어진 것으로 추정한다. 즉, 일제의 지시에 의해서 조직적으로 심어진 것이다.

7) 한상길. 2008. 일본 근대불교의 한·중 포교에 관한 연구. 선학 20:351-394.

셋째, 사찰에 현존하는 전나무 노거수의 식재 시기에 관한 문제이다.

가슴높이 직경 100㎝의 월정사, 해인사 전나무는 일본불교 조선포교 초기인 1880년에서 1890년경에 심어진 것이다.

가슴높이 직경 80~60㎝급 전나무(법주사, 신흥사, 마곡사, 내소사)의 출현 빈도가 가장 높다. 일제강점기 직전 또는 일제강점기에 대대적으로 심어진 것이다.

가슴높이 직경 58㎝, 50㎝의 불국사, 직지사 전나무는 일제강점기 이후 우리 손으로 심고 있는 전나무이다.

잊힌 역사는 반복된다는 명제의 현장을 보고 있는 것이다.

제2장

조선 왕릉의 전나무

1. 조선고적도보 사진과 현재의 전나무

조선고적도보 왕릉 사진 중 전나무가 보이는 사진은 총 5장이다. 건원릉(태조) 2장, 여주 영릉(세종) 2장, 여주 영릉(효종) 1장이다. 조선고적도보에 있는 전나무 사진과 현재 왕릉에 현존하는 전나무를 비교하며 현재 전나무들이 언제 식재되었는지 추정하였다.

능호를 갖는 조선 왕릉은 총 42개이고 남한에 40개가 있다. 이를 동구릉, 서오능 등 능이 있는 위치로 구분하면, 40개 조선 왕릉은 총 18곳에 위치한다.[8)]

필자는 2017년, 2019년, 2021년에 18곳 40개 능을 모두 답사하였다. 18곳 중 11곳에 전나무가 있었다. 절반이 좀 넘는 곳에 전나무가 있었다.

8) 문화재청 궁능유적본부. 조선왕능과 왕실계보. 조선 왕능 정보. 2019년 12월 23일 기준.

동구릉의 건원릉과 현릉의 전나무

[사진 2-1] 조선고적도보 5181번 사진. 태조 건원릉 전면 모습

[사진 2-1]의 태조 건원릉을 보면 오른쪽으로 3본 이상의 전나무를 볼 수 있다. 전나무 초두부와 지면 부분이 사진에 나타나 있지 않아 나무 높이를 가늠하기 쉽지 않으나 능침 높이와 비교하면 10m는 되어 보인다.

동구릉은 경기도 구리시 동구릉로 197에 위치한다. 2019년 답사하였다. [사진 2-1] 태조 건원릉 오른쪽에 보이던 전나무는 찾을 수 없었다.

[사진 2-2] 문종 현릉 옆의 전나무 모습. 2019년 촬영

5대 문종의 현릉은 태조 건원릉 오른쪽 앞에 위치한다. 건원릉에 가장 가까이 있는 능이다. 현릉 옆에는 나무 윗부분이 부러지고 위쪽으로 새 가지가 나거나, 나지 않은 전나무 노거수 3본, 그루터기 1개를 확인할 수 있었다. 하지만 이 전나무들은 [사진 2-1]의 전나무는 아니다.

[사진 2-2]는 문종 현릉 옆의 전나무 모습이다. 가슴높이 직경은 57㎝이고 나무 높이는 목측으로 약 6m 정도 되어 보였다.

여주 영릉(英陵) 세종 능의 전나무

[사진 2-3] 조선고적도보 5204번 사진. 세종 영릉 정면 모습

4대 세종의 영릉은 경기도 여주시 세종대왕면 영릉로 269-50에 위치한다. [사진 2-3]은 세종 영릉의 사진이다. 정자각에 이르는 길 오른쪽에 2본 이상의 전나무 모습이 뚜렷하다. 나무 높이는 약 4m쯤 되어 보인다.

[사진 2-4] 숭모제전 중 궁중무용 '봉래의' 공연 광경. 2017년

[사진 2-5] 세종 영릉 수라간과 정자각. 2021년 촬영

[사진 2-4]는 2017년 5월 15일 세종 탄생 616돌 '숭모제전'의 한 광경이다.[9] 정면으로 보이는 정자각 왼쪽 수라간 뒤로 전나무 노거수 3본의 모습을 볼 수 있다. 같은 나무는 아니지만 [사진 2-3]의 높이 4m 전나무가 2017년에는 높이 20m는 되어 보이는 전나무 노거수로 자란 것이다.

[사진 2-5]는 2021년 필자가 영릉을 답사하였을 때 촬영한 것이다. 수라간 뒤 전나무는 흔적도 없었다. 2020년까지 추진된 '영·영릉(英·寧陵) 유적 종합정비사업'에서 수라간 뒤에 있던 전나무 3본을 모두 베어내고 그루터기도 없앤 모양이다.

전나무 노거수를 베어내고 흔적을 없앤 것은 문화재청의 결정이라고 생각한다. 그런데 바로 옆에 있는 효종 능 전나무는 왜 베어내지 않은 것인지 궁금해진다.

---

9) SejongKing.co.kr/news/articleView.html?dxno=853

여주 영릉(寧陵) 효종 능의 전나무

[사진 2-6]은 17대 효종의 영릉 모습이다. 사진 오른쪽 전나무 1본이 뚜렷하다. 전나무 윗부분이 촬영되지 않아 나무 높이를 가늠하기 쉽지 않으나 정자각 높이와 비교하면 10m는 되어 보인다.

2021년 봄 여주 영릉을 답사하였을 때, [사진 2-6]에 있던 전나무는 없었으나 [사진 2-7]과 같이 재실에 이르는 진입로에 3본이 있었고, 가까이 갈 수 없는 효종 왕비 인선왕후 비각 뒤쪽에도 1본이 있었다. 가장 큰 전나무는 가슴높이 직경 66㎝, 나무 높이는 목측으로 20m는 되어 보였다.

[사진 2-6] 조선고적도보 5264번 사진. 효종 영릉 정면 모습

[사진 2-7] 효종 영릉 재실에 이르는 진입로상의 전나무. 2021년 촬영

파주 삼릉

[사진 2-8] 파주 삼릉 재실 옆 전나무. 2021년 촬영

파주 삼릉은 경기도 파주시 조리읍 삼릉로 89에 위치한다. 파주 삼릉에는 공릉(8대 예종의 원비 장순왕후), 순릉(9대 성종의 원비 공혜왕후), 영릉(추존 진종과 효순소황후)이 있다.

조선고적도보 사진은 없어도 파주 삼릉을 특별히 기술하는 이유는, 남양주 광릉처럼 전나무가 셀 수 없을 정도로 많기 때문이다.

전나무 중 가장 큰 것은 [사진 2-8]에 나타낸 재실 옆 전나무 들이다. 가슴높이 직경이 68㎝, 나무 높이가 목측으로 20m는 되어 보였다.

남양주 홍릉

[사진 2-9] 남양주 홍릉의 전나무. 2021년 촬영

남양주 홍릉은 경기도 남양주시 홍유릉로 352-1에 위치한다. 26대 고종의 능으로 1919년 일제강점기에 조성되었다. 조선총독부의 영향인지 홍살문에 이르는 진입로 좌우에 독일가문비 등 외래 수종들이 식재되어 있다. [사진 2-9]에서 보이는 가장 큰 전나무는 가슴높이 직경 47㎝, 나무 높이는 목측으로 15m쯤 되어 보였다.

화성 융릉

[사진 2-10] 화성 융릉의 전나무. 2021년 촬영

화성 융릉은 경기도 화성시 효행로 481번길 21에 위치한다. 융릉은 추존 장조의황제 헌경의황후의 능이다.

[사진 2-10]의 전나무는 융릉 금천교 건너편 좌우에 있다. 왼쪽 전나무 가슴높이 직경은 35㎝, 나무 높이는 목측으로 7m쯤 되어 보인다. 다른 능의 큰 전나무 노거수를 보고 우리 손으로 따라 심은 전나무이다.

영월 장릉

[사진 2-11] 영월 장릉의 전나무. 2021년 촬영

영월 장릉은 강원도 영월군 영월읍 단종로 190에 위치한다. 6대 단종의 능이다. [사진 2-11]과 같이 정자각과 능침 사이의 사면에 전나무 십여 본을 심었다. 접근할 수 없는 지역이어서 가슴높이 직경과 나무 높이를 모두 목측하였다. 가슴높이 직경은 25㎝, 나무 높이는 10m쯤 되어 보였다.

2. 남양주 광릉 전나무에 관한 의문들

일제는 남양주 광릉 전나무 식재 기록을 조작하였을까?

사찰에 전나무를 심었다는 식재 기록은 찾지 못하였다. 그러나 왕릉에 전나무를 심었다는 식재 기록은 여러 곳에서 볼 수 있었다.

① 김은경의 「광릉 전나무 식재 기록에 관한 고찰」[10]을 보면 정조 23년(1799) 예조 보고 내용에 '봄에는 건원릉과 광릉에, 가을에는 헌릉과 사릉에 전나무를 심었다'라는 기록이 있으나, 국립광릉수목원 산림박물관 제1전시실에 있는 전나무 원판 나이테를 근거로 광릉에 현존하는 전나무는 정조 23년(1799) 보다 후대에 심은 것이라고 하였다.

② 또한 김은경의 「광릉 전나무 식재 기록에 관한 고찰」에는 고종 22년(1885)부터 고종 25년(1888)까지 4년간 승정원일기 예조 별단 기록에 의하면 '건원릉, 제릉, 후릉, 헌릉, 현릉, 사릉, 광릉 등 7개 능에 매년 적게는 70본에서 많게는 1,880본의 전나

10) 김은경 등. 2019. 광릉 전나무 식재 기록에 관한 고찰. 한국전통조경학회지 37(2): 11-19.

무를 심었다' 하였다.

③ 김동석의 「역주 광릉지」[11]를 보면 광릉지 보(補), 예조하첩(禮曹下帖)에, '서쪽 동구 10리 길에 회백(檜柏)을 많이 심었고 동쪽 동구 5리 길에는 회백과 진달래를 섞어서 심었다', '임신년(1872) 10월 하순에 광릉 침랑(寢郞) 이계두(李啓斗)는 기록한다'라는 기록이 있다고 하였다. 마치 현재 광릉에 이르는 길에 있는 전나무 노거수를 지칭하는 듯한 기록이다.

그러나 ② '고종 승정원일기 예조별단' 기록과 ③ '광릉지' 기록은 모두 원본이 아니고 개수본 또는 사본이라는 특이한 공통점이 있다.

한국민족문화대백과사전 승정원일기[12]를 보면 다음과 같이 서술되어 있다.

> 1888년(고종 25)에 승정원의 화재로 1851년(철종 2)부터 1888년(고종 25)까지 일기 361책이 소실되었으나 1890년에 개수를 끝냈다.

11) 김동석 등. 2012. 역주 광릉지. 한국학중앙연구원 장서각. 241-242.
12) encykorea.ask.ac.kr/Article/E0032244

한국민족문화대백과사전 고종실록 의의와 평가[13]를 보면 다음과 같이 평가하고 있다.

> 이 실록은 민족 항일기에 일본인들의 간여하에 이루어진 것이기 때문에 사실이 왜곡되었을 위험이 있다. 편찬 각 반 위원에 의해 편찬된 초안은 반드시 감수부 총책임자인 경성제국대학교 교수에 의해 감책(監冊), 감증(監增) 등의 손질이 가해졌다. 또 실록 원고는 위원장인 일본인 이왕직 장관의 결재를 얻어 간행되었다. 이러한 점들이 이 실록의 가치를 손상하게 한 것은 사실이다.

한국학중앙연구원 유지복의 「조선시대 능지에 관한 연구」[14]를 보면 다음과 같이 서술되어 있다.

> 조선시대 능지는 현재 대략 52종[15]이 있는데 이들 중 32종이 조선총독부 이왕직에서 베낀 전사본이다. 전사본을 작성할 당시 보고 베낀 원본이 있었을 터인데 대부분 유실되었고, 원본 형태로 남아 있는 능지들도 구성하는 기본요소를 제대로 갖추

13) encykorea.ask.ac.kr/Article/E0003942

14) 유지복. 2013. 조선시대 능지연구. 한국학중앙연구원 장서각. 205-206.

15) 조선은 27대까지의 왕이 있었고, 왕과 왕비가 능을 다른 곳에 쓰거나 여러 명의 왕비를 둔 경우도 묘호를 달리하는 경우가 있어 42개의 묘호가 있고 한 묘호에도 여러 개의 능지가 있어 총 52개의 능지가 있다.

고 있는 경우가 드물다.

현재 남아 있는 '광릉지'도 조선총독부가 베껴 쓴 전사본이다.

일제강점기 전 일제의 영향으로 왕릉에 심은 전나무를, 조선 조정이 심은 것처럼 왜곡하기 위해 조선총독부는 1936년 광릉지를 전사하면서 '1872년 이계두가 광릉에 이르는 좌우의 길에 전나무를 심었다'라는 기록을 끼워 넣는 조작을 한 것이 아닐까 하는 생각을 지울 수가 없다. 돌에 새겨져 있는 광개토대왕비 글자도 조작한 일제이다.

조선총독부, 100리 밖 광릉 묘포와 전나무

일제는 1910년 조선을 병합하고 1913년 서울 서대문 북아현동과 경기도 포천군 소흘면 광릉에 임업시험 묘포를 설치하였다. 그 후 서대문 북아현동 묘포를 폐쇄하고 서울에서 100리나 떨어진 광릉 묘포를 선택한 것은 무슨 이유 때문일까?

『조선임업사』는 조선산림회가 30년간 일제 임정 치적을 정리코자 1941년 초고를 완성하였지만 출판치 못하다가, 조선임업협회에

인계되어 1945년 1월에 발간된 책으로 조선산림회 촉탁 오까 에이지(岡 衛治)가 쓴 책이다.

산림청이 용역 번역한 『조선임업사(하)』[16] 312쪽에 보면 일제에 의해 임업시험이 시작될 당시 광릉 숲에 대해 다음처럼 적고 있다.

> 광릉 숲은 산림 성립이 조선 7대 세조대왕이 능지로 정하고 소나무, 잣나무, 전나무 등 천연 치수를 이식하게 하였으며 보호를 엄하게 하여 이루어진 숲으로 침엽수는 적송, 잣나무, 전나무 3종류였지만 활엽수는 130여 종이 있다. 시험림 절반이 우량한 적송 순림이고 잣나무도 80년 이상의 것도 있다. 수령 200년 정도의 졸참, 굴참 등 노거수와 150년 이상의 서어나무 순림이 있다.

광릉에 묘포가 설치될 당시 광릉 숲을 설명하는 문장에는 전나무가 있다고만 하였지, 얼마나 큰 것이 있는지는 기록하지 않고 있다. 당시 1910년 즈음 전나무는 별도의 기술을 하여야 할 정도로 크지 않았던 것이다.

멘델이 완두콩 교배 실험을 통해 밝혀낸 유전법칙이 발표된 시기는 1865년이었고 멘델 법칙이 재발견된 시기는 1900년이었다.

---

16) 산림청. 2001. 조선임업사 (하). 613.

일제는 잎 뒷면이 하얀 일본전나무를 조선에서 원만히 생육시키기 위해서 조선전나무와 인공 교배시킨 후대를 만들고자 하였을 것이다. 교잡종 묘목을 키워 조선 각지에 보내기 위해서는 서울에서 100리나 떨어진 한적한 광릉이 더 적합하였기 때문이라고 생각한다.

현재 광릉 주변의 전나무 노거수 유전자분석을 해보면 확인할 수 있는 일이다.

이런 소설 같은 생각을 하는 이유는, 앞서 언급한 식재 기록 조작 가능성 등 여러 가지 이상한 점이 있기 때문이다.

3. 조선고적도보 사진, 현재 전나무 식재년도, 식재자 추정

조선고적도보 사진 속 전나무 식재년도 추정

제1장 「사찰의 전나무」에서 조선고적도보 사진 속 전나무 나이를 추정하기 위해 사용하였던 [표 1-2]를 다시 게재한다.

[표 1-2] 전나무 1등지 숲의 나이와 평균 높이 환산표

숲의 나이 (년)	11	12	13	14	15
평균 높이 (m)	2.0	2.5	2.9	3.3	3.8
숲의 나이 (년)	16	17	18	19	20
평균 높이 (m)	4.2	4.6	5.0	5.5	5.9
숲의 나이 (년)	21	22	23	24	25
평균 높이 (m)	6.3	6.7	7.1	7.5	8.0
숲의 나이 (년)	26	27	28	29	30
평균 높이 (m)	8.4	8.8	9.2	9.6	10.0

조선고적도보 왕릉 사진은 모두 1911년에 촬영된 것으로 가정하

고, 5년생 묘목이 식재되었다고 가정하면 [표 2-1]처럼 식재년도를 추정할 수 있다.

[표 2-1] 조선고적도보 사진 속 전나무 위치, 본수, 나무 높이, 식재년도 추정

구분	전나무 위치	본수	목측 높이 (m)	나무 나이 (년)	식재 년도 (년)
동구릉 태조 건원릉	능침 오른쪽 뒤편	3본 이상	10	30	1886
여주 효종 영릉	정자각 오른쪽 옆	1	10	30	1886
여주 세종 영릉	정자각 오른쪽 앞	2본 이상	4	15	1901

왕릉 사진의 어린 전나무 높이가 사찰보다 조금 더 커서, 사찰보다 5년 정도 빠르게 식재된 것으로 추정되었다. 사찰과 왕릉 모두 1877년 일본불교 조선 포교 이후에 심어진 것이다.

왕릉에서 조사된 전나무 노거수 식재년도 추정

필자가 답사한 각 왕릉에서 가장 큰 나무를 답사년도순, 가슴높이 직경순으로 집계하면 [표 2-2]와 같다.

전나무 노거수는 대강 90㎝ 이상, 70㎝ 이하~50㎝ 이상, 50㎝ 이하의 세 집단으로 구분해 볼 수 있다.

[표 2-2] 전나무 노거수의 위치, 본수, 가슴높이 직경 등 집계표

<table>
<tr><th>구분</th><th>전나무 위치</th><th>본수</th><th>직경 (cm)</th><th>목측 높이 (m)</th><th>답사년도</th></tr>
<tr><td>남양주 세조 광릉</td><td>정자각 앞</td><td>6</td><td>95</td><td>30</td><td>2017</td></tr>
<tr><td>동구릉 문종 현릉</td><td>능침 왼쪽</td><td>3</td><td>65※</td><td>12※</td><td>2019</td></tr>
<tr><td>파주 삼릉 예종 공릉</td><td>재실 옆</td><td>3</td><td>68</td><td>20</td><td rowspan="11">2021</td></tr>
<tr><td>여주 효종 영릉</td><td>진입로, 재실 옆</td><td>3</td><td>66</td><td>20</td></tr>
<tr><td>서오릉 숙종 익릉</td><td>정자각 오른쪽</td><td>1</td><td>66</td><td>20</td></tr>
<tr><td>서오릉 (순창원)</td><td>정자각 오른쪽</td><td>1</td><td>64</td><td>12</td></tr>
<tr><td>파주 삼릉 성종 순릉</td><td>능침 왼쪽</td><td>1</td><td>60</td><td>18</td></tr>
<tr><td>김포 장릉 원종 장릉</td><td>재실 옆</td><td>6</td><td>52</td><td>18</td></tr>
<tr><td>남양주 고종 홍릉</td><td>진입로 오른쪽</td><td>2</td><td>47</td><td>15</td></tr>
<tr><td>선정릉 성종 선릉</td><td>홍살문 오른쪽</td><td>3</td><td>41</td><td>12</td></tr>
<tr><td>이문동 경종 의릉</td><td>홍살문 오른쪽</td><td>2</td><td>36</td><td>12</td></tr>
<tr><td>화성 융릉 장조</td><td>금천교 좌우</td><td>2</td><td>35</td><td>7</td></tr>
<tr><td>영월 단종 장릉</td><td>정자각 왼쪽</td><td>-</td><td>25</td><td>10</td></tr>
<tr><td colspan="6">※ [사진 2-2]의 나무가 아님</td></tr>
</table>

제1장에서 기술했듯, 나무는 위치 조건에 따라 생장에 차이가 나고 특히 사람 가까이 있는 나무는 손길에 따라 생장 차이가 더 크게 난다. 따라서 심은 지 수십 년이 넘은 나무는 크기만으로 나이를 추정하는 것은 거의 불가능에 가깝다.

사찰의 월정사, 내소사는 최근 학술조사 자료가 있었는데 왕릉에서는 찾지 못하였다.

조선고적도보 사진 전나무, 현재 전나무,
식재 기록 비교를 통한 식재자 추정

[표 2-1]의 조선고적도보 사진 속 전나무와 [표 2-2]의 현재 왕릉에 있는 전나무 노거수의 비교를 위해 두 개의 표를 합하여 [표 2-3]에 표시하였다.

제1장 「사찰의 전나무」와 같은 순서로 논지를 이어간다.

첫째, 조선고적도보 사진 속 어린 전나무가 왕릉에 현존하는 전나무 노거수와 같은 나무인가 하는 문제이다.

조선고적도보 사진 속 전나무의 추정 식재년도와 승정원일기, 광릉지에서 확인된 식재 기록이 1870년에서 1890년으로 거의 일

[표 2-3] 조선고적도보 사진 속 전나무, 현재 왕릉 전나무, 식재 기록 비교표

구분	왕릉 위치	위치	본수	직경 (cm)	목측 높이 (m)	식재 년도 (년)	식재 기록	
							승정원 일기	광릉지
조선 고적 도보 사진 속 전나무	동구릉 태조 건원릉	능침 오른쪽 뒤편	3본 이상	-	10	1886	1885~ 1886	-
	여주 효종 영릉	정자각 오른쪽 옆	1		10	1886	-	
	여주 세종 영릉	정자각 오른쪽 앞	2본 이상		4	1901	-	
필자가 답사한 왕릉에 있는 전나무	남양주 세조 광릉	정자각 앞, 홍살문 좌우	6	95	30	-	1885~ 1888	1872
	동구릉 문종 현릉	능침 왼쪽	3	65	12		1885~ 1887	-
	파주 삼릉 예종 공릉	재실 옆	3	68	20		-	
	여주 효종 영릉	진입로 재실 옆	3	66	20		-	
	서오릉 숙종 익릉	정자각 오른쪽	1	66	20		-	
	서오릉 (순창원)	정자각 오른쪽	1	64	12		-	
	파주 삼릉 성종 순릉	능침 왼쪽	1	60	18		-	
	김포 장릉 원종 장릉	재실 옆	6	52	18		-	
	남양주 고종 홍릉	진입로 오른쪽	2	47	15		-	
	선정릉 성종 선릉	홍살문 오른쪽	3	41	12		-	
	이문동 경종 의릉	홍살문 오른쪽	2	36	12		-	
	화성 융릉 장조	금천교 좌우	2	35	7		-	
	영월 단종 장릉	정자각 왼쪽	-	목측 25	10		-	

치한다는 점과 식재 위치가 능침과 정자각 주변으로 거의 일치한다는 점에서 조선고적도보 사진 속 어린 전나무가 왕릉에 현존하는 전나무 노거수로 자란 것이 분명하다.

둘째, 그러면 조선고적도보 사진 속 어린 전나무를 누가 심었느냐 하는 문제이다.

1870년부터 1890년 즈음, 고종실록 승정원일기나 광릉지가 전사본이어도 식재 기록이 있으니 조선 조정이 심은 것으로 볼 수밖에 없다. 한편 당시 일제가 조선 조정에 영향을 주어 심었을 가능성도 있다.

당시 조선은 1876년 강화도 수호조약 체결, 1877년 일본불교 조선 포교 시작, 1879년 일본 공사관 설치, 1881년 일본 교관에 의해 훈련된 우리나라 최초 신식 군대 별기군 설치, 1882년 임오군란과 청국 군대의 간섭, 1884년 친일 개화파에 의한 갑신정변 등 외세의 소용돌이가 시작되던 시기이다. 친일 세력의 건의에 의해 조선 조정이 왕릉에 전나무를 심었을 가능성도 충분하다.

1877년 일본불교 조선 포교 경로 이외에 다른 경로로 조선 왕릉에 전나무가 심어졌을 가능성도 충분히 있다. 더 탐구되어야 할 과제로 미룬다.

셋째, 왕릉에 현존하는 전나무 노거수의 식재 시기에 관한 문제이다.

가슴높이 직경 95㎝의 남양주 광릉 전나무는 제1장에서 언급한 월정사, 해인사의 가슴높이 직경 100㎝와 비슷한 크기이다. 월정사, 해인사의 경우처럼 일본불교 조선 포교 초기인 1870년에서 1890년경에 심어진 것이다.

가슴높이 직경 70~60㎝급 전나무(동구릉 문종 현릉, 파주 예종 공릉, 여주 효종 영릉, 서오릉 숙종 익릉 등)의 출현 빈도가 가장 높다. 이런 현상은 사찰의 경우에도 동일하다. 일제강점기 직전과 일제강점기에 사찰과 왕릉에 대대적으로 전나무가 심어진 것이다. 일제가 심은 것이다.

가슴높이 직경 41~25㎝의 서울 성종 선릉, 영월 단종 장릉 등의 전나무는 일제강점기 이후 우리 손으로 심은 전나무이다.

제3장

공공시설의
전나무

1. 공공시설 전나무 주목해야 할 사건들

부산박물관이 2009년에 일제강점기 발행된 사진엽서 3,000장을 모아 『사진엽서로 보는 근대풍경』이라는 책 8권을 발간하였다. 사진엽서는 당시 '조선의 발전상'이라고 내세우고 싶을 만한 모든 풍경을 망라하고 있다. 사진 중 전나무가 함께 촬영된 엽서 6매를 발굴하였다. 아울러 인터넷에서 일제강점기 공공시설에 전나무가 심어진 사진 3매를 발굴하였다.

사진엽서와 인터넷 사진에서는 신사, 군부대, 조선총독부 구청사, 학교, 철도역, 공원, 전시관 등 모든 공공시설뿐만 아니라 사적시설인 별장, 음식점에까지 전나무가 심어진 모습을 볼 수 있다.

일제강점기 모든 공공시설에 전나무가 심어졌겠구나 하는 짐작을 하게끔 하는 사건 두 가지를 먼저 설명하고, 공공시설의 성격별로 일제강점기 사진과 현존하는 전나무 노거수 모습을 보기로 한다.

1909년 총리 이완용 種木委員會 창립

한국역사정보시스템[17]에서 '종목위원회'로 검색을 하면 '통감부 문서, 헌병대기밀보고'라는 대분류 속에 아래와 같은 문서를 볼 수 있다.

- 문서제목: (192) 종목위원회의 창립
- 문서번호: 헌병 제590호
- 발신일: 1909년 3월 18일

① 3월 15일 중부 흥사단에서 총리 이완용 등이 종목위원회를 창립하였다. 다음 날 계속해서 이 총리 사저에 탁지부장관 任善準, 교육부장관 李載崑, 내무부장관 朴齊純, 국방부장관 李秉武, 농무부장관 趙重應, 從一品 金宗漢 등이 모여 협의를 계속하였다. 나무를 심는 것은 실패가 없고, 장대한 목표를 갖는 일이다. 수종은 성장이 빠른 버드나무와 전나무로 하고, 10년 후에 이익을 분배키로 하며, 설립에 필요한 자본은 총 8,500주가 모아졌다.

② 종목위원회는 직업이 없는 양반구제법으로 從一品 金宗漢이 발의하여 성립시키고 필요한 토지는 탁지부(현 기획재정부에 해당)에서 협력한다.

17) db.history.go.kr

위의 내용 중 10년 후 이익을 분배한다는 구절에서 종목위원회가 나무를 심은 목적은 목재 생산이 아니라 10년생 버드나무와 전나무 묘목을 생산하기 위한 것임을 알 수 있다.

당시 많은 양의 10년생 묘목이 필요했던 곳은 조선통감부밖에 없었을 것이다. 조선통감부 1대 통감 이토 히로부미(伊藤 博文)는 기념식수나 식목용으로 많은 양의 10년생 묘목이 필요해질 것에 대해 총리대신 이완용에게 대비를 요구하였을 것이라는 상상을 하게 하는 사건이다.

1911년 조선총독부 제1회 기념식수 행사

인터넷에서 '애뉴얼 리포트에 수록된 기념식수일 홍보사진'으로 검색을 하면 조선총독부 제1회 기념식수 행사 내용과 관련된 다음 글과 [사진 3-1]을 볼 수 있다.[18)]

> 제1회 기념식수일 행사는 총독부 주관으로 1911년 4월 3일 남산 왜성대에 있는 총독관저 뒤뜰에서 거행되었다. 이날 자기 딸

18) minjok.or.kr/archives/96546

의 결혼식 참석을 위해 자리를 비운 데라우치 총독을 대신하여 야마가타 정무총감이 전나무 묘목 한 그루를 심는 것을 시작으로 모두 329그루의 나무가 참석자들의 손에 의해 식재되었다.

The First Arbor-Day, April 3, 1911, held under auspices of the Governor-General.

<애뉴얼 리포트>(1911~12년도판)에 수록된 제1회 기념식수일 광경 (총독부 주관, 총독관저 후정(後庭))

[사진 3-1] 1911년 4월 3일 조선총독부 제1회 기념식수일 광경

조선총독부 1대 총독 데라우치 마사타케(寺內 正毅) 대신 정무총감이 심은 나무가 전나무이고, 단 한 그루만을 심었다. 이날 같이 심어진 300여 본의 나무와 전나무는 그 의미가 다른 것임을 분명히 설명하고 있다.

2. 신사의 전나무

남산 경성신사와 숭의여대 본관의 안내판

[사진 3-2] 남산 숭의여대 자리에 있던 경성신사. 부산박물관(2009)

[사진 3-2]는 남산 숭의여대 자리에 있던 경성신사이다. 나무위키에 의하면[19] 1897년 조선 한양에 살던 일본인들이 일본에 있는 이세 신궁에서 신체를 받아 와 이듬해 왜성대(현 리라아트고 자리)에

19) namu.wiki/W/경성신사

'남산대신궁'이란 이름으로 조선에 최초의 신사를 세웠다.

1925년 조선신궁 완공 이전까지 사실상 조선의 신사를 대표하였다. 1916년 조선총독부로부터 신사 허가를 받으면서 '경성신사'로 개칭하였고, 1929년 현 숭의여대 자리로 이전하고 개척3신을 합사했다.

개척3신(開拓三神)이란 오오쿠니누시와 스쿠나히코나, 국혼신(國魂神)을 통칭하는 명칭이다. 오오쿠니누시와 스쿠나히코나는 일본 신화에서 한 쌍으로 등장하여 일본 각지의 땅을 만들고 이름을 붙인 신이다. 국혼신은 어떤 지역이 일본 통치권 아래 들어오기 이전의 토착 신령들을 총칭하거나, 또는 그 지역 자체를 관념적으로 신격화한 것이다. 따라서 국혼신은 어떤 특정한 신격이 아니다.

개척3신은 근대 일본이 어떤 지역을 자국 영토로 합병하며 신사를 세울 적에 모시도록 한 대표적인 신격이다. 오오쿠니누시와 스쿠나히코나는 일본 각지의 땅을 만들고 지명을 지은 신격들이므로 개척3신을 신사에 봉안하는 것은 어떤 지역이 '개척'되어 일본 영토 일부가 되었음을 종교적으로 표상한다고 알려져 있다.

[사진 3-2]를 보면 경성신사 건물 왼쪽으로 전나무 2본이 명확히 보인다. 나무 높이는 왼쪽 큰 나무가 3m는 되어 보인다. 1929년에 현 위치로 신사를 이전하고 10년생 전나무 대묘를 심은 것으로 보인다.

[사진 3-3] 남산 숭의여대 본관 경성신사 안내 사진과 안내판. 2018년 촬영

[사진 3-3]은 2018년에 촬영한 것이다. 과거 경성신사 자리에 세워진 남산 숭의여대 본관 벽에 경성신사와 여학생들이 신사참배를 하는 사진을 게시하고 있다. 사진 앞 안내판이 관련된 사실을 설명하고 있다. 역사적 사실은 있었던 그대로 전달하고 받아들여야 하나 마음이 편치 않았다.

1930년 신사 신전을 부수고 일본전나무 한 그루를 뽑아버린 사건

'경성신사'가 세워진 이후 전국 곳곳에 일제의 신사가 세워졌을 것이다. 다음은 『월간 말』에 소개된 일제 신사와 일본전나무에 관한 사건의 법원 판결 내용을 소개한 글이다.[20]

> 조선총독부 각급 법원이 소장하였던 판결문 가운데 역사책에 기록되지 않은 민초들의 항일과 수난의 기록으로 소개한 사건 중 하나이다. 조신환(22, 충남 서천군 비인면 성내리)과 김상만(19, 전남 강진군 강진면 평동리)은 1930년 4월 30일 전남 화순읍 남산공원에 신축된 신사에 들어가 신전을 부수고 일본전나무 한 그루를 뽑아버렸다. 그 죄로 각각 1년 6개월 징역을 살았다.

이 용감한 두 분은 일본전나무가 일제의 신목인 것을 알고 있었다. 뽑아버렸다는 표현에서 [사진 3-2]에 있는 전나무 크기로 생각된다. 일제가 신목으로 전나무를 심었다는 필자의 주장을 뒷받침하는 사건이며 기록이다.

---

20) 김삼웅. 1996. 일왕부부 사진에 '소 새끼 말 새끼' 쓴 죄로 징역 1년. 월간 말 3: 82-85. 통권 117호.

대관령 산신당 뒤 전나무 2본

강원도 평창군 대관령면 대관령마루길 527-35(횡계리)에 위치한 '대관령 산신당'[21]은 한국민족문화대백과사전의 소개에 의하면 풍농과 풍어를 기원하며 제를 올리는 산신당이며 강원도기념물(1984년 6월 2일 지정) 54호이다.

산에 나무가 있는 것은 당연한 일이나, 일제와 전나무의 연관성을 찾는 필자의 관점에서 보면 [사진 3-4]의 전나무 2본은 자연적으로 자생한 나무가 아니다.

필자가 2016년 현장을 답사하였을 당시 전나무 가슴높이 직경은 왼쪽 47㎝, 오른쪽 64㎝, 나무 높이는 목측으로 왼쪽 12m, 오른쪽 15m, 나무 간격은 130㎝였다. 생육공간도 충분치 않고, 대관령 정상 백두대간 마루금에 부는 바람 때문에 쑥쑥 자라지 못한 것으로 생각된다.

사찰이나 왕릉에 현존하는 전나무 중 가장 많이 나타나는 가슴높이 직경급이 60㎝인 점을 감안하면 일제강점기 전나무가 활발하게 심어졌을 때 심어진 것이다.

---

21) encykorea.aks.ac.kr/Article/E0014038

남산 경성신사, 화순읍 남산공원 신사, 대관령 산신당 뒤에 있는 전나무는 모두 일제가 심은 것이다.

[사진 3-4] 대관령 산신당. 2016년 촬영

3. 일본군 주둔지의 전나무

일본군 보병 78연대 정문의 전나무

[사진 3-5] 용산에 있었던 일본군 보병 78연대 정문

[사진 3-5]는 인터넷에서 '용산 8군 기지의 일본군 흔적들'[22]로 검색하면 찾을 수 있는 사진이다. 인터넷 자료에는 '만초천 가의 일본 조선군 보병 78연대 정문이 있던 자리, 지금도 정문 돌기둥 일부가

22) blog.naver.com/ohyh45/20188730936

남아 있다'라는 설명이 있다.

정문 오른쪽에 나무 높이가 6m는 되어 보이는 듯한 전나무 2본이 분명히 보인다.

육군훈련소 정문의 전나무

[사진 3-6] 육군훈련소 정문

[사진 3-6]은 인터넷에 '육군훈련소'로 검색하면 찾을 수 있는 것으로 연합뉴스TV[23]가 제공한 사진이다. 정문 왼쪽에 전나무 1본

23) google.com/search?q=육군훈련소

이 초병처럼 우뚝하다. 나무 높이가 초병 키의 5배, 10m는 되어 보인다.

해병부대 정문의 전나무

[사진 3-7] 해병대 정문. 2018년 촬영

[사진 3-7]은 필자가 2018년 해병부대 앞을 지나다 우연히 전나무를 발견하고 촬영한 사진이다. [사진 3-6] 육군훈련소 정문 전나무와 완전 똑같은 모습으로 전나무가 있다. 이곳 전나무도 나무 높이가 10m는 되어 보인다.

세 장의 군부대 정문 사진에 모두 전나무가 심겨져 있다. 우연의 일치라고 생각한다. 아니면 잊힌 역사는 반복된다는 명제의 사례로 생각해야 하는 것일까? 두 부대에 어떻게 전나무가 심어졌는지 연유를 묻고 싶다.

4. 관공서의 전나무

경성(서울) 은사기념과학관의 전나무

[사진 3-8] 경성(서울) 은사기념과학관

[사진 3-8]은 '경성(서울) 恩賜記念科學館' 사진이다.[24] 은사기념과학관은 1925년 일본 천왕이 준 은사금 17만 엔을 자본금으로 1927년 5월 10일 남산 왜성대 조선총독부 구청사에 개관되었다. 건물

24) bravernewworld.org/2019/01/15/경성서울-은사기념과학관

현관 좌우로 최소한 4본의 전나무를 볼 수 있다. 나무 높이가 건물 2층 지붕선보다 약간 낮은 것으로 보아 6m는 되어 보인다.

현 위치로는 서울예술대학교 남산캠퍼스 앞에 통감부 터라고 표시되어 있는 곳으로, 같은 위치에 조선통감부와 조선총독부가 위치했었다. 일제강점기에 서울시 중구 예장동과 회현동 1가를 왜성대(倭城臺)라고 부른 것은 과거 임진왜란 때 왜군이 주둔하였던 곳이기 때문이라 한다.

경주문화원 일본 왕자의 기념식수 전나무

[사진 3-9]는 경주문화원 향토사료관 건물과 두 본의 일본전나무 모습이다. 전나무가 식재된 1926년 10월 9일 당시 사진 속 건물은 조선총독부 박물관 경주분원이었다. 일제강점기 관공서에 기념식수로 심은 전나무가 남아 있는 사례이다.

2016년 필자가 현장을 답사하였을 때 측정한 바로는 가슴높이 직경 왼쪽 63㎝, 오른쪽 58㎝, 높이는 목측으로 8m 정도였다. 나무가 태풍에 넘어져 건물이 손상될까 봐 일부러 초두부를 잘랐다고 한다. 1926년 10년생 대묘를 심었다면 2024년 현재 108년생이 된다.

[사진 3-9] 경주문화원 향토사료관. 2016년 촬영

1926년 당시 통역을 하였던 분의 증언을 경주문화원 사무국을 통해 들은 바로는 스웨덴 구스타프 아돌프 6세 황제(당시는 왕세자)와 일본 쇼와(昭和) 왕세자(같은 해 12월 25일 일왕에 즉위함)가 경주 서봉총 발굴을 참관한 뒤 한 그루씩 기념식수를 한 것이라고 하였다. 관련 내용이 [사진 3-10] 비석에 적혀 있고, 왼쪽 나무가 일본 왕세자 쇼와가 심은 것이다.

일본 왕 쇼와가 98년 전에 심은 전나무가 아직 현존한다는 사실에 좀 놀랍고 불쾌하였으나, 나무 관리에 관계하신 분들의 의연함이 역사적 현장을 보존하였다는 생각도 들어 마음이 복잡하였다.

일본국 왕자 기념식수이니 특별히 일본닛코전나무(우라지로모미)

[사진 3-10] 경주문화원 향토사료관 전나무 비석. 2016년 촬영

를 준비한 것으로 생각된다. 일본닛코전나무는 잎끝이 아주 조금 갈라져 있고 잎끝이 피부에 닿아도 따갑지 않으며 잎 뒷면의 흰빛이 조선전나무보다 선명하다([사진 3-11], 제6장 「3. 한국과 일본의 전나무」 참조).

총리대신 이완용이 종목위원회를 1909년에 설립하였으니 1926년이면 10년생 전나무 대묘 생산체계는 충분히 갖추었을 시기이다.

[사진 3-11] 경주문화원 일본닛코전나무 잎끝, 뒷면. 2018년 촬영

학교에 심어진 전나무(경성여자고등보통학교)

[사진 3-12] 아래 부분 작은 글씨를 보면 경성여자고등보통학교임을 알 수 있다.

한국민족문화대백과사전에 의하면 경성여자고등보통학교는 1908년 관립 한성고등여학교로 설립되었다가 1911년 경성여자고등보통학교로 개편되었고 다시 교동으로 이전하였다고 되어 있다. 1911년 이후 사진이고 교동 교사의 모습으로 생각된다.

사진 오른쪽으로 3본의 전나무가 분명히 보인다. 나무 높이는

[사진 3-12] 경성여자고등보통학교. 부산박물관(2009)

건물 2층 바닥 높이와 비슷해 약 4m쯤 되어 보인다.

경기도 광주시 남한산성면 남한산초등학교 전나무

[사진 3-13]은 광주시 남한산성면 남한산초등학교 정문의 전나무 사진이다. 남한산 초등학교 홈페이지에 의하면 1900년에 광주학교로 설립되었다가 1912년 일제로부터 광주공립보통학교로 설립 인가되고 같은 해 5월 개교한 것으로 되어 있다.

필자가 2016년 현장을 답사하였을 때 사진 왼쪽 전나무는 가슴

[사진 3-13] 남한산초등학교 정문. 2016년 촬영

높이 직경 60㎝, 오른쪽 전나무는 80㎝, 나무 높이는 목측으로 17m가량 되어 보였다. 왼쪽 전나무가 가슴높이 직경이 20㎝나 작지만 같이 심은 것으로 생각된다. 1912년에 10년생 전나무를 개교 기념으로 심었다면 2024년 현재 122년생이 된다.

춘천시 남산면 남산초등학교 전나무

[사진 3-14] 신문 기사를 보라. 왜, 무엇을 위해 심어진 것인지 지나간 역사를 모르다 보니, '1922년에 세워진 한 초등학교에서 100

춘천의 한 초교에서 100년 정도로 추정되는 전나무 살리기에 나섰다고 한다.유원지로 잘 알려진 춘천시 남산면 강촌 인근의 남산초교 이야기다.1922년에 문을 열어 올해 97주년이 되는 학교다.춘천에서는 3번째로 오랜 역사를 지닌 초교로 곧 100년 역사를 자랑하게 된다.이후 느티나무로 수종이 바뀌기는 했으나 개교 당시만 해도 교목(校木)으로 지정돼 학교 상징 역할을 해왔다 한다.

[사진 3-14] 강원도민일보 기사. 2019년

[사진 3-15] 남산초등학교. 2019년 촬영

년 정도로 추정되는 전나무 살리기에 나섰다' 하는 신문 기사를 보고 있다.

[사진 3-15]는 신문 기사를 보고 필자가 현장을 답사하여 촬영한 사진이다. 가슴높이 직경은 68㎝, 나무 높이는 목측으로 8m 정도 되었다. 태풍 등의 영향으로 나무 초두부가 부러지고 남아 있는 가지의 잎으로 겨우 살아 있는 상태였다. 1922년에 10년생 전나무를 개교 기념으로 심었다면 2024년 현재 112년생이 된다.

일제강점기 학교 교문 좌우나 학교 경계 담 주위 등 학교 시설 확장에 영향을 받지 않는 곳에 심어진 전나무는 100년이 넘은 지금도 많이 남아 있다.

남산초등학교 전나무 살리기 운동과 유사한 일이 계속 나타날 것이다. 속수무책으로 보고만 있어야 하는가?

철도역사에 심어진 전나무 (경주역)

[사진 3-16] 경주역. 부산박물관(2009)

위키백[25]과 경주역(폐역) 연혁을 보면 ⓐ 1918년 11월 1일에 보통역으로 영업을 개시하였고, ⓑ 1936년 12월 1일 표준궤 개량 및 신

25) ko.wikipedia.org/wiki/경주역_(폐역)

축역사 준공(경주읍 성동리 40번지)[26]이라는 기록과 함께 [사진 3-16]과 비슷한 사진을 '구 역사 정면'으로 게재하고 있다.

[사진 3-16]은 1936년 이후 경주역의 모습이고 출입구 좌우로 나무 높이 약 2m쯤 되어 보이는 전나무가 보인다.

중앙선 신림역 전나무

[사진 3-17] 중앙선 신림역. 2017년 촬영

26) 조선총독부 관보 고시 제640호, 1936년 11월 18일

[사진 3-17]은 중앙선 신림역에 있는 전나무이다. 필자가 2017년 현장을 답사하였을 당시 가슴높이 직경 73㎝, 나무 높이는 목측으로 15m 정도 되어 보였다. 중앙선 신림역은 1941년 설립되었다. 당시 10년생 전나무를 기념식수로 심었다면 2024년 현재 93년생이 된다.

[사진 3-16] 경주역 사진에서 보았던 나무 높이 2m가량의 전나무가 신림역 전나무처럼 노거수가 되어 있는 것이다. 신림역은 2021년 1월 5일 폐역이 되었다.

전국에 있는 학교처럼 전국에 있는 철도 역사에 전나무가 있는 이유가 명확히 인식되어야 한다.

부산 용두산공원의 전나무

[사진 3-18]은 부산 용두산공원의 모습이다. 나무 높이가 사람 키보다 조금 더 커 2m는 되어 보이는 전나무 2본이 뚜렷이 보인다.

[사진 3-18] 부산 용두산공원. 부산박물관(2009)

조선물산 공진회 참고관 전나무

[사진 3-19]는 1915년에 개최된 조선물산공진회 참고관 건물이다. 현관 왼쪽에 사람 키보다 작은 높이 약 1.5m 전나무 2본이 보인다.

[사진 3-19] 조선물산공진회 참고관. 부산박물관(2009)

조선총독부 별장, 일본인 별장에 심어진 전나무

인터넷에서 '조선총독부 별장'이라고 검색을 하면 [사진 3-20]을 볼 수 있다. '일제시기 사진엽서 - 조선총독부 별장(현 남산)'이라는 사진 설명이 있다.[27]

[사진 3-20] 아랫부분에 별장 울타리인 하얀 기둥을 볼 수 있고, 그 안쪽으로 사람 키보다 조금 큰 약 2m 높이 전나무 3본이 보인

27) blog.naver.com/PostView.naver?isHttpsRedirect=true&blogId=bookhunt&logNo=110143698889

[사진 3-20] 조선총독부 별장

다. 공공시설 정문 좌우나 관공서 건물 현관 좌우에 심어진 전나무가 조선총독부 별장에는 울타리 옆에 심어져 있다.

천안시 성환읍 국립축산과학원 내 취원각 전나무

[사진 3-21]은 경기도 천안시 성환읍 어룡리에 있는 국립축산과학원 축산개발부 내에 있는 취원각(사진 왼쪽 아래)과 거대한 전나무 노거수의 모습이다. 필자가 2017년 현장을 답사하였을 때는 가슴 높이 직경 80㎝, 목측으로 나무 높이 25m는 되어 보이는 전나무가 여러 본 있었다.

[사진 3-21] 국립축산과학원 내 일본인 별장 취원각. 2017년 촬영

사진에 보이는 안내판에는 기준년도 표시도 없이 금송 9주(100년생), 전나무 10주(95~120년) 등 수목 현황과 함께 아래와 같은 안내가 있었다.

> 일본군은 1894년 7월 29일 성환 전투에서 청국군을 쉽게 격파하였다. 한일합방 이후 성환은 청일전쟁 전적지라 하여 일본인 관광명소가 되었다. 별장 취원각은 1914년 일본 재벌이 목장을 세우고 99칸 크기로 지은 별장이다.

1905년 조선통감부가 청일전쟁 전적지로 10년생 전나무를 기념식수로 심었다면 2024년 현재 129년생이 되고, 1914년 별장을 세우고 10년생 전나무를 기념식수로 심었다면 2024년 120년생이 된다. 안내판의 전나무 10주 95~120년생 안내가 이해가 되는 대목이다.

북한산국립공원 정릉탐방안내소 전나무

[사진 3-22] 정릉탐방안내소(일본인 별장 청수장). 2017년 촬영

[사진 3-22]의 왼쪽 건물은 서울시 성북구 보국문로 215, 북한산 국립공원 정릉탐방안내소 건물이다. 건물 주변에는 전나무 노거수가 여러 본 보인다.

인터넷에서 '청수장'으로 검색하면 '1910년대 일본인이 별장으로 지은 건물'이라는 기록을 볼 수 있다.[28] 별장 이름을 청수장(淸水莊)이라 하여 이 지역 일대에서는 지금도 '청수'라는 단어가 많이 사용되고 있다.

현 남산에 있었던 조선총독부 별장, 천안시 국립축산과학원 내 일본인 별장 취원각, 이곳 정릉 일본인 별장 청수장 옆에 심어진 전나무는 모두 같은 뜻으로 심어진 일제의 신목이다.

필자가 2017년 현장을 답사하였을 때 가장 큰 전나무 가슴높이 직경은 56㎝, 목측으로 나무 높이 20m가량 되어 보였다. 별장이 앞의 취원각과 같은 1910년대 지어졌다고 하나 취원각 전나무보다 많이 작다. 별장이 지어지고 나서 한참 후에 전나무가 심어진 것이다.

---

28) samchonmirak.com/new/bbs/board.php?bo_table=board&wr_id=318337&sop=and&page=37

명월관의 전나무

[사진 3-23] 명월관. 부산박물관(2009)

[사진 3-23]은 1909년 종로구 돈의동 145번지(현재 동아일보 사옥 위치)에 문을 열어 기생 요릿집의 대명사가 된 명월관의 모습이다. 정문 기둥에 '명월'이라는 한자가 뚜렷한 간판이 걸려 있다.

건물 현관 왼쪽으로 3본의 전나무가 보인다. 나무 높이가 5m는 되어 보인다. 당시 모든 관공서에 전나무가 심어지는 것을 보면서 개인 사업체도 알아서 심었든지, 강요받았든지 우리 일상 주변 모든 곳에 전나무가 심어진 것이다.

5. 일제강점기 사진,
현재 전나무 식재년도, 식재자 추정

일제강점기 사진 속 전나무 식재년도 추정

일제강점기 사진 속 전나무를 나무 높이 순서로 [표 3-1]에 표시하였다.

[표 3-1] 일제강점기 사진 속 전나무 위치, 본수, 나무 높이, 식재년도 추정

구분	전나무 위치	본수	목측 높이 (m)	식재 관련 사건년도
일본군 보병 78연대	정문 안 오른쪽	2	6	1905년 용산 지역 일본군 주둔 시작[29]
경성 은사기념 과학관	건물 현관 좌우	4	6	1907년 왜성대 통감부 건물 신축[30] 1927년 과학관 개관
명월관	건물 현관 왼쪽	3	5	1909년 개관
경성여자고등 보통학교	건물 현관 오른쪽	3	4	1911년 현 위치 이전

29) minjok.or.kr/archives/118132

30) ko.wikipedia.org/wiki/조선총독부_청사와_관사

남산 경성신사	건물 현관 왼쪽	2	3	1929년 현 위치 이전
남산 조선총독부 별장	별장 울타리 안쪽	3	2	별장 건물 준공년도 못 찾음
경주역	건물 현관 좌우	2	2	1936년 준공
부산 용두산공원	계단 오른쪽	2	2	1944년 지정
조선물산 공진회 참고관	건물 현관 왼쪽	2	1.5	1915년 개최 박람회 임시 건물[31]

사찰과 왕릉에서는 조선고적도보 사진 속 전나무 높이로 나무 나이를 추정하고, 5년생 묘목이 심어졌다고 가정한 뒤 식재년도를 추정하였다.

이에 반해 공공시설 일제강점기 사진 속의 전나무는 식재 관련 사건년도가 있어 일제강점기에 심어진 것임을 명확히 알 수 있다.

공공시설에서 조사된 전나무 노거수 식재년도 추정

필자가 답사한 각 공공시설에서 가장 큰 나무를 가슴높이 직경 순으로 표시하면 [표 3-2]와 같다.

31) encykorea.aks.ac.kr/Article/E0052019

전나무 노거수는 대강 80㎝ 이하~60㎝ 이상, 50㎝ 이하의 두 집단으로 구분해 볼 수 있다.

[표 3-2] 전나무 노거수의 위치, 측정 본수, 직경 등 집계표

구분	전나무 위치	본수	직경 (cm)	목측 높이 (m)	식재 관련 사건년도	답사
축산과학원 취원각	천안시 성환읍 어룡리 353-12	4	80	25	청일전쟁전적지 (1905년 통감부), 1914년 건축	2017
남한산 초교	남한산성면, 교문 좌우	2	80	17	1912년 개교	2016
중앙선 신림역	신림역 역사 안쪽	1	73	15	1941년 설립	2017
남산 초교	남산면 운동장 왼쪽	1	68	8	1922년 개교	2019
대관령 산신당	산신당 뒤편	2	64	15	-	2016
경주 문화원	향토사료관 앞	2	63	8	1926년 10월 09일 기념식수, 일본전나무	2017
정릉 청수장	정릉 국립공원 안내소	2	56	20	1910년대 건축	2016
육군훈련소	정문 왼쪽	1	-	10	[표 1-2]로 보면 30년생	-
해병부대	정문 왼쪽	1	-	10		2018

대관령 산신당 빼고는 일제강점기에 설치된 모든 공공시설은 식

재 관련 사건년도가 기록에 있다. 전나무는 모두 일제강점기에 심어진 것이다.

일제강점기 사진 속 전나무와 현재 공공시설 전나무 비교를 통한 식재자 추정

[표 3-1]의 일제강점기 사진 속 전나무와 [표 3-2]의 현재 공공시설에 있는 전나무의 비교를 위해 두 개의 표를 합하여 공공시설 성격 순으로 [표 3-3]에 표시하였다.

[표 3-3] 일제강점기 사진 속 전나무와 현재 공공시설 전나무 비교표

구분	전나무 위치	본수	직경 (cm)	목측 높이 (m)	식재 관련 사건년도	답사
남산 경성신사	건물 현관 왼쪽	2		3	1929년 현 위치 이전	
일본군 보병 78연대	정문 안 오른쪽	2	-	6	1905년 용산 지역 일본군 주둔 시작[32]	-
경성 은사기념과학관	건물 현관 좌우	4		6	1907년 왜성대 통감부 건물 신축[33] 1927년 과학관 개관	

32) minjok.or.kr/archives/118132

33) ko.wikipedia.org/wiki/조선총독부_청사와_관사

<table>
<tr><td>경성여자
고등보통학교</td><td>건물 현관
오른쪽</td><td>3</td><td rowspan="6">-</td><td>4</td><td>1911년 현 위치 이
전</td><td rowspan="6">-</td></tr>
<tr><td>경주역</td><td>건물 현관
좌우</td><td>2</td><td>2</td><td>1936년 준공</td></tr>
<tr><td>부산
용두산공원</td><td>계단 오른쪽</td><td>2</td><td>2</td><td>1944년 지정</td></tr>
<tr><td>조선물산
공진회참고관</td><td>건물 현관
왼쪽</td><td>2</td><td>1.5</td><td>1915년 개최
박람회 임시 건물[34]</td></tr>
<tr><td>남산
조선총독부 별장</td><td>별장 울타리
안쪽</td><td>3</td><td>2</td><td>별장 건물
준공년도 못 찾음</td></tr>
<tr><td>명월관</td><td>건물 현관
왼쪽</td><td>3</td><td>5</td><td>1909년 개관</td></tr>
<tr><td>대관령 산신당</td><td>산신당 뒤편</td><td>2</td><td>64</td><td>15</td><td>-</td><td>2016</td></tr>
<tr><td>육군훈련소</td><td>정문 왼쪽</td><td>1</td><td>-</td><td>10</td><td rowspan="2">[표 1-2]로 보면
30년생
[표 1-2]로 보면
30년생</td><td>-</td></tr>
<tr><td>해병부대</td><td>정문 왼쪽</td><td>1</td><td>-</td><td>10</td><td>2018</td></tr>
<tr><td>경주문화원</td><td>향토사료관 앞</td><td>2</td><td>63</td><td>8</td><td>1926년 10월 09일
기념식수,
일본전나무</td><td>2017</td></tr>
<tr><td>남한산 초교</td><td>교문 좌우</td><td>2</td><td>80</td><td>17</td><td>1912년 개교</td><td>2016</td></tr>
<tr><td>남산 초교</td><td>운동장 왼쪽</td><td>1</td><td>68</td><td>8</td><td>1922년 개교</td><td>2019</td></tr>
<tr><td>중앙선 신림역</td><td>신림역 역사
안쪽</td><td>1</td><td>73</td><td>15</td><td>1941년 설립</td><td>2017</td></tr>
<tr><td>축산과학원
취원각</td><td>별장 입구</td><td>4</td><td>80</td><td>25</td><td>청일전쟁전적지
(1905년 통감부),
1914년 건축</td><td>2017</td></tr>
<tr><td>정릉 청수장</td><td>국립공원
안내소 주위</td><td>2</td><td>56</td><td>20</td><td>1910년대 건축</td><td>2016</td></tr>
</table>

공공시설의 일제강점기 사진 속 전나무나 현존하는 전나무는 식

재 관련 사건년도가 있어 사찰 및 왕릉에서와 같이 일제강점기 사진 속 어린 전나무가 현존하는 전나무와 같은 나무인지, 일제강점기 사진 속 어린 전나무를 누가 심었는지, 언제 심었는지에 대한 추론이 필요 없다.

일제강점기 사진 속 전나무가 위치하는 공공시설 성격과 현재 전나무 노거수가 위치하는 공공시설 성격이 완벽하게 일치하고, 양쪽 모두에 식재 관련 사건년도가 있어 이를 근거로 모두 일제강점기에 심어진 것을 명확히 알 수 있다.

또한 각 공공시설 전나무 위치를 보면 건물 현관 좌우 등 일정한 장소에 전나무가 심어진 것을 확인할 수 있다. 각 공공시설이 각자 독립적으로 나무를 심었는데 우연히 전나무로 통일되었고, 식재 장소도 통일되었다고는 생각할 수 없다. 전나무 식재 관련 일제의 지침이나 지시가 있었음이 분명하다.

전나무 식재를 지시한 기록을 찾았다. 2001년 한국법제연구원이 발간한 『조선총독부 법령체계분석(1)』에도 일제의 '전나무 식재지침'과 같은 규정은 없었다. 이경용[35]은 패전 직후 조선총독부의 대대적인 공문서 폐기가 있었다고 하였다. 그래서인가 아직 전나무

34) encykorea.aks.ac.kr/Article/E0052019

35) 이경용. 2021. 일제의 공문서 폐기 시론. ―국가기록원 소장 조선총독부 기록의 잔존성을 중심으로―. 기록학 연구 67: 205-236.

를 신목의 의미로 심었다는 일제의 기록을 찾지 못하였다.

사찰, 왕릉, 공공시설 모든 장소에서 관찰된 현존하는 전나무 가슴높이 직경은 80~60㎝에서 가장 많이 나타난다. 즉, 일제강점기 사찰, 왕릉, 공공시설에 집중적으로 전나무가 심어진 것이다. 일본인이 갈 수 있는 모든 곳에 일제가 심은 것이다.

그런데 육군훈련소와 해병부대 정문에는 어떻게 전나무가 심어졌을까?

잊힌 역사는 반복된다는 명제의 현장이라고 볼 수밖에 없다.

제4장

임진왜란과 항일운동 사적지의 전나무

1. 임진왜란 사적지의 전나무

지금까지 사찰, 왕릉, 공공시설에 일제가 심은 전나무를 설명하였다. 임진왜란 때 왜군에게 큰 패배를 안겨주었던 임진왜란 3대 대첩 장군들 사적지에도 일제가 전나무를 심었겠구나 하는 생각이 들어 확인하였다.

이순신 장군 사당 통영 충렬사

통영 충렬사의 주소는 경남 통영시 여황로 251이다. 2016년 통영 충렬사를 방문하였을 때 전나무는 모두 베어졌고 사당 앞 왼쪽에 1개, 내삼문 밖 좌우에 각 1개 총 3개의 전나무 벌근이 있었지만 부식되어 나이테를 셀 수 없었다.

통영 충렬사 관리소 안내에 의하면 충렬사에는 여러 본의 전나무가 있었는데, 지역 시민들로부터 '왜 일본전나무(제6장 「3. 한국과 일본의 전나무」 참조)가 이순신 장군 사당에 있느냐? 벌채해야 한다' 라는 의견이 많아져 2013년에 벌채되었다고 한다.

[사진 4-1] 충렬사 내삼문 앞 전나무(가장 왼쪽과 가장 오른쪽 나무). 2011년 촬영

다행히 인터넷에서 '역사가 새겨진 나무이야기를 찾아가는 통영 충렬사'로 검색하면 [사진 4-1]의 내삼문 앞 전나무 벌채 전 모습을 볼 수 있다. 사진은 2011년 7월 2일 촬영되었다. 벌채 2년 전 모습이다.

아울러 '통영 충렬사 일본전나무 그루터기'로 검색하면 [사진 4-2] 내삼문 앞 오른쪽에 있었던 전나무 벌채 직후 벌근 모습[36]을 볼 수 있다.

---

36) blog.daum.net/backsekim/694

[사진 4-2] 충렬사 내삼문 앞 오른쪽 전나무 벌근. 2014년 촬영

블로그의 전나무 벌근 사진은 2014년 2월에 게재되었고 나무 나이를 85년이라 한다. 전나무 식재 시기는 2013년 85년이니 2024년이면 96년이고, 10년생 대묘가 심어졌다면 86년 전인 1938년에 심어진 것이다.

일제강점기 충렬사 사당에 누가 일본전나무를 심었을까? 일제가 심은 것이다.

이순신 장군 사적지 아산 현충사

[사진 4-3] 아산 현충사 전나무 스카이라인. 2016년 촬영

아산 현충사 주소는 충남 아산시 염치읍 현충사길 126이다. 현충사에 들어서면 입구부터 사방으로 [사진 4-3]과 같이 전나무가 보인다.

1969년 문화공보부가 발행한 『아산현충사연혁지』[37]의 '현충사 조경계획'을 보면 식수계획 1순위 수종이 전나무이고, 규격도 나무 높이 6.0m에 나무 근원경 7㎝ 등 큰 나무를 참배로 주변에 심었다.

37) 문화공보부. 1969년. 아산현충사연혁지. 267.

[사진 4-1]의 통영 충렬사에 일제가 심은 일본전나무를 보고 아무 생각 없이, 또는 통영 충렬사에도 있으니까 따라 심은 것으로 생각된다.

잊힌 역사는 반복된다는 명제의 사례를 보고 있는 것이다.

필자가 2016년 현장을 방문하였을 때 아산 현충사에서 가장 큰 전나무는 이순신 장군 고택 대문 앞 왼쪽에 있는 전나무로 관찰되었다. 가슴높이 직경 46㎝, 나무 높이는 목측으로 15m가량 되어 보였다.

양주 권율 장군 묘소 앞산

[사진 4-4] 권율 장군 묘소 앞산의 전나무. 2016년 촬영

권율 장군 묘소의 주소는 경기도 양주시 장흥면 권율로 223이다.

[사진 4-4]는 권율 장군 묘소 앞산의 전나무 모습이다. 마치 권율 장군 묘소를 내려다보며 지켜보고 있는 듯한 곳에 심어져 있다. 가슴높이 직경 60㎝급, 목측으로 나무 높이 20m의 전나무가 20본 이상 심겨져 있다.

2016년 현지 탐문조사 끝에 일제강점기 당시 전나무를 심으셨던 분이 생존해 계신 것을 알게 되었고(1914년생, 2016년 103세) 그분의 후손을 인터뷰할 수 있었다.

후손의 전언(傳言)에 의하면 전나무는 1937년 이전에 심어졌다고 한다. 산지이니 5년생 묘목을 심었다면 2024년 현재 나무 나이는 92년생이 된다. 통영 충렬사 전나무가 1938년경 심어졌으니 아주 비슷한 시기이다.

아울러 당시 일제는 전나무 심기를 강요, 권유하였고 많은 전나무가 심어졌다는 증언도 들었다. 권율 장군 묘소 앞산 전나무는 일제강점기 일제의 강요에 의해 심어진 것이다. 일제가 심은 것이다.

김시민 장군 사당 괴산 충민사

진주성 대첩으로 일본군을 무찌른 김시민 장군의 위패는 진주 충렬사에 배향되었으나 고종 때 서원철폐로 충렬사도 훼철되었다. 김시민 장군 묘지는 충북 괴산군 선산에 있다가 충주시 살미면 무릉리로 이장되었다.

충주댐 건설로 1976년 현 위치인 괴산군 괴산읍 능촌리로 이장하고 사당인 충민사를 세웠다.[38] 2016년 현장을 답사하였으나 1976년에 세워진 충민사에 전나무 노거수는 없었다. 김시민 장군 사적지가 일제강점기 이후인 1976년 현 위치로 옮겨지면서 일제가 남겼던 흔적도 같이 없어진 것으로 생각된다.

38) namu.wiki/W/김시민

2. 항일운동 사적지의 전나무

예산 윤봉길 의사 사적지

[사진 4-5] 예산 윤봉길 의사 사당 충의사 전나무. 2016년 촬영

충의사 주소는 충남 예산군 덕산면 덕산온천로 183-5이다. 디지털예산문화대전[39]의 소개에 의하면 충의사 사당은 1968년 건립되었고, 충의문과 홍문 등은 1978년에 중건되었다.

39) yesan.grandculture.net/yesan/toc/GC06600583

1969년 봄에 완공된 아산 현충사 조경의 영향으로 전나무를 식재하였을 것으로 생각된다. 2016년 필자가 답사 당시 [사진 4-5] 오른쪽 전나무들은 가슴높이 직경 39㎝, 목측된 나무 높이는 10m 정도였다.

천안 유관순 열사 유적

[사진 4-6] 천안 유관순 열사 사당 전나무. 2018년 촬영

천안 유관순 열사 유적의 주소는 충남 천안시 동남구 병천면 탑원리 338-1이다. 디지털천안문화대전[40]에 의하면 유관순 열사 추모각은 1972년 준공되었다. 아산 현충사 전나무 식재를 따라 전나무를 심었을 것으로 생각된다.

2018년 답사 당시 유적 입구 오른쪽 전나무들의 가슴높이 직경은 32㎝, 목측으로 나무 높이는 10m 정도였다.

40) cheonan.grandculture.net/cheonan/toc/GC04500674

제5장

명치유신, 신공왕후, 스와(諏訪)대사 전나무 신주(神柱)

1. 명치유신과 전나무

사찰이나 왕릉에 있는 전나무 노거수 중 일제강점기 이전에 심어진 나무 나이나 식재 시기에 관한 기록을 다시 보자.

① 오대산 월정사 일주문부터 금강교 사이 전나무에 대한 2007년도 생육상태조사에서 가장 큰 나무가 130년이라 하였다. 5년생 묘목이 심어졌다면 1882년에 심어진 것으로 추정하였다.

② 「역주 광릉지」에 침랑 이계두가 1872년에 전나무를 심었다는 기록이 있다.

사찰이나 왕릉에 현존하는 전나무 노거수는 1872~1882년경부터 심어졌고, 일제가 심었다는 필자 주장의 근거 설명을 위해서 1868년 시작된 일본 명치유신 과정 중 전나무 심기와 관련되는 사건들을 간략히 정리한다.

명치유신(明治維新)은 막번체제를 해체하고 왕정복고를 하며 중앙 통일 권력 확립을 위한 광범위한 변혁 과정을 총칭한다. 명치유신은 1868년 시작되어 1889년 헌법 발표로 종료되었다고 보는 견

해가 있다.[41]

명치유신 과정 중 조선에 심어진 전나무와 관련하여 주목해야 할 분야는 종교 정책과 외교 정책이다.

41) ko.wikipedia.org/wiki/메이지_유신

2. 신불분리령, 폐불훼석, 일본불교의 조선 포교

신불분리령, 폐불훼석

명치유신 과정에서 종교적으로는 1868년 신불분리령(神佛分離令)이 내려졌다. 신불분리령의 주 의미는 불교 배척이 아닌데도, 당시 복고적 시운은 불교조차도 외래 종교로 강하게 배척하는 폐불훼석(廢佛毁釋)으로 향했다.

폐불훼석을 통해 불상 신체(神體) 사용 금지, 신사(神社)에서 불교적 요소 배제, 신사마다 제신(祭神) 결정, 승려들의 신직(神職) 전향, 불상 및 불구(佛具) 파괴, 사찰과 신사 경내를 제외한 영지의 국가 소유 등이 이루어졌다.[42]

폐불훼석은 1868년부터 1877년까지 계속되었으며 그로 인한 사찰의 피해는 아직 조사가 이루어지지 못해 정확히 알 수 없지만 전국 사찰의 절반가량이 직접적인 피해를 입었다고 한다.[43]

42) ko.wikipedia.org/wiki/폐불훼석

43) 김춘호. 일본 불교문화 강좌 ㉘ 불교닷컴

명치 정부의 신도 국교화

명치 정부는 신도와 불교를 분리한 뒤 신도를 국교화한다. 신도 국교화 정책은 1868년부터 1871년 사이에 집중적으로 추진되었으나 신도의 역량 부족과 불교 등 다른 종교의 반발로 쉽게 실현되지 못하였다.

명치 정부는 1871년 5월 14일 '신사의 의는 국가의 종사로서 일인 일가의 사유에 있는 것이 아니다'라는 정책을 공표하였다. 이로써 신사는 국가의 종사라는 공적 성격이 정식으로 규정되어 신사가 종교에서 분리되었고, 신사는 개인의 사적 신앙을 위한 시설이 아니라 국가의 공공시설임이 강조되었다.

신사 제사의 본의는 숭경과 경애에 있고 신에게 제사를 지내는 것은 부모를 섬기는 것과 마찬가지임을 내세운 것이다. 즉, 제사는 효의 연장이기 때문에 종교가 아니라 의례와 습관이라는 논리이다. 신사 비종교화로 대변되는 국가 신도는 이렇게 성립되었다.[44]

---

44) roqurcjstk.tistory.com/170

일본불교의 조선 포교

명치유신 이후 위기에 처한 일본불교는 결국 국가의 제국주의 정책에 적극 편승하여 제국주의 불교의 길로 접어들게 되었다. 이러한 일본 제국주의 불교의 중심에 정토진종(淨土眞宗)이 있었다. 정토진종은 당시 일본불교 최대 종단이었지만, 천황제 정부 성립 과정에서 막부를 지원함으로써 정부의 반감을 받는 입장이었다.

이러한 불안을 타개하고자 국가의 정치적 행로에 솔선 참여하였다. 그 결과 명치 정부의 해외 침략 전쟁에 적극 참여하면서 한국과 중국에 대한 침략 전초 기지로서 해외 포교에 나선 것이다.[45]

명치 10년(1877) 내무대신 오오쿠보(大久保利通)와 외무대신 테라지마(寺島宗則)가 함께 정토진종 본원사 관장 곤요(嚴如上人)에게 서신을 보내 '조선 개교에 관한 일'을 종용, 의뢰하였다. 이에 본원사에서는 제1차 개교에 공로가 있는 오쿠무라 죠신(奧村淨信)의 후손 오쿠무라 엔신(奧村圓心)과 히라노에스이(平野惠粹) 두 사람을 발탁, 부산에 별원을 설치할 것을 명하였다.[46]

앞서 언급한 오쿠무라 죠신(奧村淨信)은 1차 개교에 공로가 있는 사람으로서 나가사키현(長崎縣) 정토진종 사찰 고덕사(高德寺)의 주

45) 한상길. 2008. 일본 근대불교의 한·중 포교에 관한 연구. 선학 20:351-394.
46) 한상길. 2008. 일본 근대불교의 한·중 포교에 관한 연구. 선학 20:351-394.

지였다. 고덕사는 오쿠무라 죠신이 16세기 말에 창건한 사찰인데 「조선국포교일지」에 따르면 그는 원래 무사 출신으로 이보다 앞선 1585년 부산에 들어와 절을 세웠다고 한다. 오쿠무라 죠신은 1592년 임진왜란 직전까지 절을 운영하면서 조선 침공을 위한 정보 제공자로서 활동하였다고 한다.[47]

1876년 강화도 수호조약 이듬해인 1877년부터 일본불교는 한국 포교를 시작하여 개항장을 중심으로 포교소, 별원 등을 건립하여 1910년 무렵에는 일본불교 6개 종단이 167개에 달하는 포교 거점을 확보하고 조선은 일본불교 종단의 각축장이 되어가고 있었다고 한다.[48]

47) 한상길. 2008. 일본 근대불교의 한·중 포교에 관한 연구. 선학 20:351-394.
48) 한상길. 2008. 일본 근대불교의 한·중 포교에 관한 연구. 선학 20:351-394.

3. 정한론, 신공왕후, 비천화

정한론(征韓論)

도쿠가와(德川) 막부 말기 아시아 침략사상의 집대성자라고 부를 만한 인물인 요시다 쇼닌(吉田松陰)은 1856년 문하생들에게 '이미 미·영과 화친한 이상 우리 측에서 절교함은 신의에 어긋난다. 미·영을 묶어놓고, 북해도를 개척하고, 오키나와를 편입하고, 조선을 빼앗고, 만주를 꺾고, 중국을 누르고, 인도에 다다르는 진취적 자세를…' 운운했다. 그의 이러한 제국주의적 침략사상이 '정한론'의 기원이다.[49]

정한론은 20여 년간(1850~1873) 끊임없이 제기되었고 1873년에 잠깐 후퇴하였다. 1874년에는 정한(征韓) 대신 타이완을 정벌하였다.[50]

정한을 연기한 지 불과 2년 뒤인 1875년 9월 20일 일본 군함 운양호가 조선 서해안에서 중국 우장(牛莊)에 이르는 해로 연구를 구

49) 홍순호. 1996. 정한론 —근대 일본의 침략사상과 조선정벌정책— 정치외교사논총 14: 31-65.

50) 홍순호. 1996. 정한론 —근대 일본의 침략사상과 조선정벌정책— 정치외교사논총 14: 31-65.

실로 조선의 허가 없이 강화해협 깊숙이 침입했다. 강화포대가 운양호를 포격하였으나 운양호는 포대를 격파하고 영종도를 점령하였다.

이른바 운양호 사건은 정한의 구실을 만들기 위한 명치 정부의 계획적 도발 행위였다.[51)]

일본침략사상의 원형 '신공왕후설화'

근대 일본 침략사상의 기점이 된 명치 정부 '정한론'은 당시 갑자기 나타난 것이 아니었다. 그 원형은 『일본서기』의 '신공왕후 삼한 정벌 설화'에 있다.[52)]

신공왕후는 고대에 형성된 전설적 이야기가 역사적으로 계승되면서 일본인의 대외사상으로 정착된 특이한 설화이다.

신라와의 적대적 시기에 형성된 이 가공의 이야기는 일본의 대외적 긴장이 높아지는 시기에 위기를 극복하는 지배층의 이데올로기로서 기능하였다.

---

51) 홍순호. 1996. 정한론 —근대 일본의 침략사상과 조선정벌정책— 정치외교사논총 14: 31-65.

52) 이기용. 2007. 일본침략사상의 원형인 '신공왕후설화'. 일본사상 13호:78-96.

8세기 신라와 경쟁 관계에 있을 때 일본은 신공왕후 전설을 거론하며 일본의 우월성을 강조하였다.

몽고 침략기에 신공왕후는 신앙의 대상이 되어 외적의 격퇴를 비는 의식이 행해졌다.

임진왜란 때 조선에 출병한 무사들 사이에서 신공왕후는 조선 침략의 정당성을 제공하였고 성공을 기원하는 이데올로기로서 작용하였다.

일본의 한국 강점기에는 신공왕후를 역사적 사실로 둔갑시키고 적극 교육하여, 일본인에게는 자긍심을 주고 한국인에게는 열등감을 주는 자료로 활용하였다.

오늘날 일본인의 한국에 대한 우월의식, 재일 한국인에 대한 멸시관은 근대 이후 교육된 신공왕후 전설에 기인한 바가 적지 않다.[53]

---

53) 연민수. 2006. 신공왕후 전설과 일본인의 대한관. 한일관계연구사 24:3-26.

『일본서기』 신공왕후 삼한정벌 설화

신공왕후의 남편 중애천왕은 웅습(熊襲)[54]의 토벌을 신하들과 의논하였는데 이때 웅습이 아닌 금은보화의 나라 신라를 귀복시켜야 한다는 신의 명령이 내려졌다. 그러나 천왕은 이를 듣지 않고 얼마 후 사망했다.

신공왕후는 신의 명령을 두려워하여 신라 원정을 결의한다. 그때 왕후는 산달이 되어 있었다. 돌을 허리에 차고 일을 성취하고 귀국한 후에 태어나기를 빌었다. 드디어 대마도 화이진(對馬島 和珥津)에서 출발하였다.

> 風神과 海神이 바람과 파도를 일으키고 大漁가 해중에 떠올라 왕후의 군선을 도왔다.

멀리서 일본 수군을 보고 놀란 신라 왕은 동쪽에 神國인 일본이 있고 聖王인 천왕이 있음을 말하고 백기를 들고 지도와 호적을 바치고 항복하였다. 왕후는 짚고 있던 창을 新羅王門에 세우고 후세의 표시로 삼았다.

이에 고구려·백제도 스스로 영외로 나와 머리를 조아리고 조공이 끊이지 않게 하겠다고 했다. 축자(筑紫)[55]에 개선한 신공왕후는

---

54) 현재 일본 큐슈 가고시마(鹿兒島)의 한 지역
55) 큐슈의 옛 이름

應神天王을 낳았다.[56]

명치 정부의 신공왕후 설화 교육

1910년 전후 일본 역사 교과서에서 신공왕후를 어떻게 가르치는지 보자.

[표 5-1]은 일본 사이타마 공업대학 교수 와타나베 소스케(渡部宗助)가 2010년 11월 19일 한국 독립기념관 주최 심포지엄에서 발표한 내용을 요약한 것이다.[57]

소학교는 국정교과서 제도가 시작한 1903년부터 1948년 제6기 교과서까지 40년 이상을 신공왕후가 삼한을 정벌하였다고 가르치고 있다. 1906, 1907년에 발행된 중등학교, 사범학교 국사 교과서에서도 신공왕후가 삼한을 정벌하였다고 가르치고 있다.

56) 연민수. 2006. 신공왕후 전설과 일본인의 대한관. 한일관계연구사 24:3-26.
57) 渡部宗助. 2011. 1910년 전후 일본의 역사 교육. 한국독립운동사연구 38:293-347.

[표 5-1] 1910년경 일본 역사 교과서의 신공왕후 교육 내용

구분	교과서, 저자	신공왕후 내용 요약
소학교	1903~1948 국정교과서 일본 역사 1기~6기	- 신공왕후가 군사를 이끌고 바다를 건너 신라에 이르니 신라 왕이 항복하였다. 백제, 고구려도 복종하고 조공을 바쳤다. - 임신한 몸으로 용기를 칭송하였다. 멀리 신라를 보는 삽화를 넣었다. 설화를 사실로 기술하였다.
중등학교	1906 검정필 수정 일본 약사 峰岸米藏	- 신공왕후는 바다를 건너 신라를 정벌하셨다. 개선한 후 왕후는 응신천왕을 낳았다. - 후세에 그 위공을 기려 신공왕후로 받들어 모셨다. - 설화를 사실로 간주하였다.
	1906 검정필 신편 국사 교과서 辻善之助	- 신공왕후는 삼한정벌의 쾌거를 이루어 무위를 떨치셨다.
사범학교	1907 修正本邦史綱 峰岸米藏	- 신공왕후가 삼한을 정벌하였다.
	1907 일본사 상, 하 齊滕斐章	- 신공왕후가 조선 반도를 복속하였다.

신공왕후는 명치 정부 정한론의 수호신

위키피디아 신공왕후에 있는 그림 3점을 소개한다.[58]

58) ja.wikipedia.org/wiki/%E7%A5%9E%E5%8A%9F%E7%9A%87%E5%90%8E

모두 신공왕후의 삼한정벌과 관계가 있는 그림이다.

[사진 5-1] 신공왕후와 無內大臣

[사진 5-1] '신공왕후와 無內大臣'은 풍속화가 우다가와 쿠니사다(歌川 國貞: 1786~1865)가 그린 것으로, 영국 런던에 있는 국립 빅토리아 알버트 박물관에 소장되어 있다. 신공왕후와 그 신하 無內宿禰를 그리고 있다.

[사진 5-2] 賢女八景 筑紫歸帆

[사진 5-2] '賢女八景 筑紫歸帆'은 풍속화가 우다가와 쿠니요시(歌川 國芳: 1798~1861)가 그린 것으로, 삼한을 복속시키고 筑紫(九州의 옛 이름)로 개선하는 범선 위의 신공왕후를 그리고 있다.

[사진 5-3] 日本史略圖會 第15代 신공왕후

[사진 5-3] '日本史略圖會 第15代 신공왕후'는 풍속화가 츠키오카 요시토시(月岡芳年: 1839~1892)가 그린 것으로, 신공왕후가 신라를 공격하는 모습을 묘사하고 있다.

세 그림은 모두 제작 연도가 명시되어 있지 않다. 작가들의 생존 연대를 보면 명치 직전이거나 또는 명치시대에 그려진 것이다. 당시 명치 정부에 팽배하였던 정한론에 대한 미술계의 부응으로 제작된 것이라 생각된다.

명치시대 일본인 생활 속의 신공왕후

일본 국립인쇄국 홈페이지의 수장품 갤러리에 가면 일본 최초 초상이 들어간 지폐 1엔[59], 일본 최초의 국내용 채권 '起業公債 100円 證書'[60], 고액 우표 10엔[61]을 볼 수 있다.

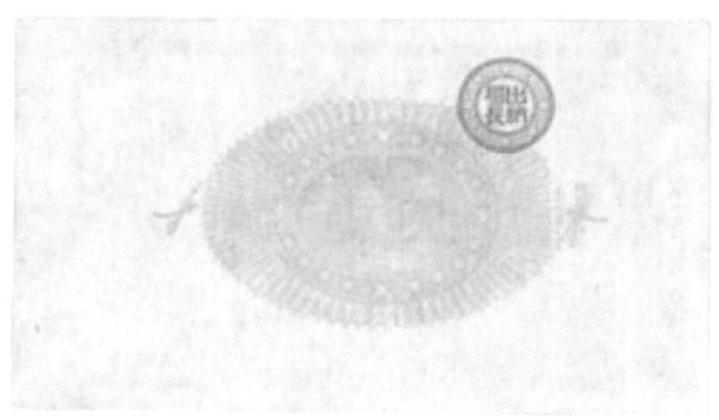

[사진 5-4] 일본 지폐 최초 초상: 신공왕후

59) www.npb.go.jp/ja/museum/tenji/gallery/jingu.html

60) www.npb.go.jp/ja/museum/tenji/gallery/kigyo-kokusai100yen.html

61) www.npb.go.jp/ja/museum/tenji/gallery/kyu-kogaku10yen.html

[사진 5-4] 지폐는 1872년(명치 5) 일본 인쇄국에 근무하던 독일인 기술자가 도안하였다는 안내와 함께 일본 고대 신화에 등장하는 신공왕후 초상이 그려져 있다고 해설하고 있다.

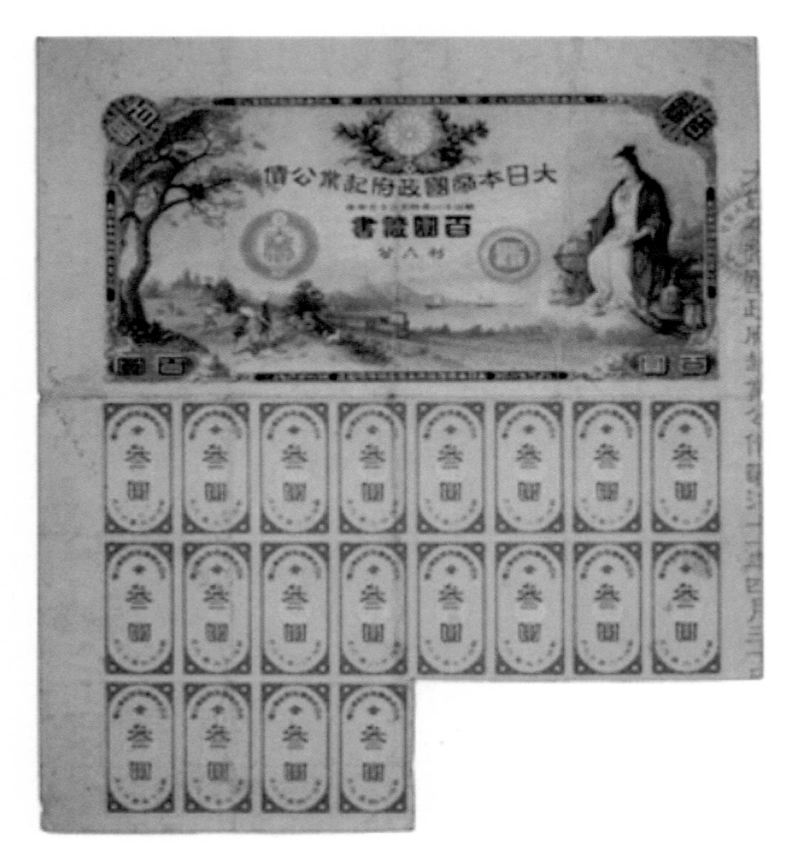

[사진 5-5] 일본 최초의 국채 증서: 신공왕후

[사진 5-5] 기업공채는 1878년(명치 11) 일본에서 처음으로 공모된

국채 증서라는 안내와 함께 동시대 지폐 초상이 되기도 하였던 신공왕후가 그려져 있다고 해설하고 있다.

[사진 5-6] 고액 우표: 신공왕후

[사진 5-6] 고액 우표 10엔은 1908년(명치 41)에 발행된 초고액 보통 우표로, 당시 수요가 급증하였던 전화 가설 신청 등 고액 요금 납부에 사용되었다는 안내와 함께 지폐에도 등장하였던 신공왕후가 그려져 있다고 해설하고 있다.

조선총독부 박물관 천장 벽화 '비천(飛天)'의 진실

일제는 1912년 경복궁 자리에 조선총독부 건물 설계를 시작하였다. 또한 1915년 시정 5년 기념 조선물산공진회를 경복궁 자리에서 개최한다는 명목으로 1914년에 수많은 전각을 헐어버렸다.[62]

시정 5년 기념 조선물산공진회 행사의 일환으로 건축된 미술관 건물은 1914년 9월에 착공되어 1915년 2월에 완공된다. 1915년 7월 [사진 5-7]과 같이 미술관 건물 천장에 그려진 벽화를 비천화라고 한다.

---

62) namu.wiki/w/조선총독부%20청사

[사진 5-7] 비천화[63]

63) 국립중앙박물관. 2018. 국립중앙박물관 소장 일제강점기 공공건물 벽화. 207.

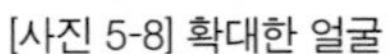
[사진 5-8] 확대한 얼굴

[사진 5-9] 조선총독부 박물관[64]

시정 5년 기념 조선물산공진회는 1915년 9월 1일부터 10월 30일까지 개최되었고, 미술관은 1915년 12월부터 조선총독부 박물관으로 재개관한다.

1912년 설계, 1916년 착공, 1926년에 완공된 조선총독부 본관 건물보다 10여 년 먼저 지어진 조선총독부 박물관 건물 천장에 80년을 있다가 1995년 조선총독부 청사와 박물관 건물이 해체될 때 비천화는 보존 처리되어 현재 용산에 있는 국립중앙박물관에 소장되어 있다.

결론부터 말하면, 우리는 일제 침략사상의 원형인 신공왕후 초상을 소장하고 있는 것이 분명하다.

64) encykorea.aks.ac.kr/Article/E0071661

국립중앙박물관 소장 일제강점기 공공건물 벽화 보고서

비천화는 1915년 제작 당시 작가에 대한 기록이 신문, 조선총독부 조선물산공진회 보고서 등 그 어디에도 남아 있지 않았다. 103년이 지난 2018년 작가의 후손이 소장하고 있던 유고가 발견되고, 2018년 고지마 가오루(兒島 薰)가 후손이 소장하고 있던 유고에 관한 논설[65]을 일본 명치미술학회지 근대화설 27호에 발표하면서 작가에 관한 사실이 세상에 알려지게 되었다.

2018년 국립중앙박물관은 「국립중앙박물관 소장 일제강점기 공공건물 벽화」라는 보고서를 발행하였다. 국립중앙박물관은 보고서 1편 해설에서 조선물산공진회 보고서[66]를 근거로 다음과 같이 소개하고 있다.

> '비천'은 현재 평안남도 남포시 강서구 삼묘리에 위치한 고구려 고분 강서대묘 벽화의 천인(天人)을 모티브로 그렸다.

백여 년 전 조선총독부의 주장을 액면 그대로 수용하고 있다.

필자는 국립중앙박물관 보고서를 보면서, 직관적으로 '비천'은

65) 兒島 薰. 2018. 朝鮮物産共進會美術館天井畫下繪에 대하여. 近代畫說 27: 132-137.
66) 조선총독부편. 1916. 시정오년기념 조선물산공진회보고서. 제1권. 55.

고구려 고분 강서대묘 벽화 천인(天人)이 덧씌워진 일제의 신공왕후라는 생각을 하였다.

국립중앙박물관 보고서를 꼼꼼히 보면, '비천'을 그린 작가의 유고가 103년 만에 발견되면서 세상에 알려진 일에는 상식에 안 맞는 의문점이 너무 많았다. 이런 의문점들은 대개 무언가를 숨기고자 할 때 틈새로 새어 나오는 부자연스러움이며 이 부자연스러움 때문에 거짓말은 들통나게 되어 있다.

공진회 미술관과 초대 총독 테라우치 마사타케(寺內 正毅)

1915년 지어진 조선물산공진회 미술관이 가진 건축물로서의 의미를 보자.

일제는 1905년 을사늑약을 체결하고 대한제국 외부(外部) 청사를 통감부 청사로 사용하다가 1907년 2월 남산 왜성대(현재 중구 예장동 8번지 일대)에 2층 목조건물을 통감부 청사로 건립한다.

1910년 8월 한일병합 조약에 따라 설치된 조선총독부도 왜성대 통감부 청사를 이용한다.[67] 조선총독부는 1926년 경복궁 안에 지

67) ko.wikipedia.org/wiki/조선총독부_청사와_관사

은 4층 콘크리트 구조 청사로 이전할 때까지 16년을 남산 왜성대 2층 목조건물에 있었다.

따라서 1915년 2월에 완성된 조선물산공진회 미술관은 일제가 조선 경복궁 내에 지은 최초의 건물이며, 그것도 목조가 아닌 연와조 2층 건물이었다.

또한 공진회 미술관은 이미 설계도가 완성되어 있던 조선총독부 박물관 건물의 정면 현관으로 설계되어 지어진 건물이었다.[68]

공진회 미술관을 지은 테라우치 마사타케(寺內 正毅, 1852~1919)는 조선통감부 3대이자 마지막 통감(1910년 5월~1910년 10월)이며, 1910년 10월 한일병합을 완성한 초대 총독(1910년 1월~1916년 10월)이다.

테라우치(寺內)는 조선총독부 건물 부지로 현 종로구 동숭동 옛 서울대 문리대 자리와 서울특별시청 자리가 물망에 올랐지만 이를 반대하고 경복궁 내로 결정, 1912년부터 설계를 지시한 인물이며,[69] 공진회 미술관 건물도 공진회 전시를 위한 임시 건물이 아니라 후일 조선총독부 박물관 건물로 사용할 것을 사전에 계획하고

68) 국립중앙박물관. 2018. 국립중앙박물관 소장 일제강점기 공공건물 벽화. 207.
69) ko.wikipedia.org/wiki/조선총독부_청사와_관사

영구 건물로 지을 것을 지시한 인물이다.[70]

철저히 숨겨진 '비천' 제작 의도

[사진 5-10] 舊 帝國劇場 觀覽席 天井畵[71]

테라우치(寺內)는 '비천'의 작가 안도(安藤)의 스승인 와다 에이사쿠(和田 英作, 1874~1958)가 1910년 일본 최초 서양식 극장인 동경 제국극장 천장 벽화에 일본 시즈오카(靜岡)현 미호(三保)반도 마쓰바라(松原) 지역에 전해오는 하고로모(羽衣) 설화에 등장하는 [사진 5-10]의 '피리를 불며 하늘로 날아오르는 선녀'를 그린 것을 알고 있

70) 국립중앙박물관. 2018. 국립중앙박물관 소장 일제강점기 공공건물 벽화. 207.

71) miho-no-matsubara.jp/archives/art/舊帝國劇場觀覽席天井畵

었을 것이다.

또한 테라우치(寺内)는 1912년 고구려 고분 강서대묘 천장고임 측면에 [사진 5-11]의 '피리를 불며 하늘을 나는 천인' 벽화에 관한 내용도 보고 받았을 것이다.

[사진 5-11] 고구려 강서대묘 벽화 천인상 모사도[72] - 유리원판 120794, 1912년 촬영

테라우치(寺内)는 동경미술학교 서양화과 교수진들과 1915년 공진회 미술관 천장 벽화에 신공왕후를 그리는 방안을 협의하였을 것이다.

72) 강서대묘 현실 비천상 벽화 모사도_유리원판목록집 1_p80_120974_1912년 촬영.

삼한정벌을 하고, 몽고 침략기를 구원하고, 임진왜란의 정당성을 제공하며, 일제 대외 침략사상의 원형인 신공왕후를 공진회 미술관 천장 벽화에 그리는 것은 초대 총독인 테라우치(寺內)에게 있어서는 조선에 신공왕후를 부르는 초혼(招魂) 의식일 수 있고, 조선총독부 내에 신공왕후 신체(神體)를 모시는 일이었을 것이다. 가슴 깊이 간직했던 염원이 실현되는 일이었을 것이다.

때문에 필자는 1915년 그려진 '비천'은 1912년 발굴된 고구려 고분 '천인'을 덧씌워 그린 신공왕후의 초상이라고 생각하는 것이다.

1912년 발굴된 고구려 고분 강서대묘 기악천(技樂天) 모습에서 천의(天衣)를 휘날리며 피리를 불고 있는 자세, 고구려 조우관(鳥羽冠)과 같은 깃털 모양 장식이 달린 금빛 관, 고려청자에 볼 수 있는 봉황무늬, 연주무늬, 연꽃무늬 장식[73]으로 신공왕후를 분장시킨 것이다.

테라우치(寺內)와 동경미술학교 서양화과 교수진이 '비천' 제작 의도를 숨기려고 하다 보니 103년 만에 나타난 작가와 제작에 관한 내용 중 상식과 어울리지 않는 이상한 점이 여러 곳에서 나타나는 것이다.

73) 국립중앙박물관. 2018. 국립중앙박물관 소장 일제강점기 공공건물 벽화. 207.

103년 만에 알려진 '비천' 작가와 제작에 관련된 의문점

첫째, 후일 조선총독부 박물관이라는 중요한 건축물의 벽화인데 작가에 대한 기록과 작품 내용에 관한 공론이 전혀 없었다는 것은 상식 밖의 일이다.

테라우치(寺內)와 동경미술학교 서양화과 교수진은 '비천'을 구상할 때부터 제작 의도를 숨기기 위해 작가를 숨긴 것이다.

'비천'은 1915년 신공왕후를 그린 것인데, 1912년 발굴된 고구려 고분의 천인(天人)을 모티브로 그렸다는 조선총독부 거짓말이 작가 인터뷰를 통해 탄로날까 두려워 작가를 숨긴 것이다.

둘째, 설계 때부터 조선총독부 박물관 건물 정면 현관으로 건축된 건물 벽화가 33살, 31살 무명 작가에 의해 그려진 것도 이해하기 어려운 점이다.

1896년 동경미술학교 서양화과 개설 당시 교수로 임용된 구로다 세이키(黑田 淸輝, 1866~1924, 1892년 프랑스 유학에서 귀국)와 1903년 서양화과 교원에 임용되었고 1911년 제국극장 천장화를 그린 와다 에이사쿠(和田 英作, 1874~1958)가 있었다.

1915년 당시 구로다(黑田) 49세, 와다(和田) 41세로 '비천' 제작에 적합한 동경미술학교 교수진이 있었는데, 서양화과에 1904년 입학한 안도 도이치로(安藤 東一郎, 1882~1967)와 1905년에 입학한 타나카 료(田中 良, 1884~1974)에게 제작이 맡겨진 것이다.

테라우치(寺內)와 동경미술학교 교수진들은 제작 의도를 숨기기 쉬운 무명의 제자에게 제작을 지시한 것이다. 그림의 질적 수준보다도 제작 의도를 숨기는 일이 더 급했던 것이다.

셋째, 안도(安藤) 유고 기록에 의하면 가로 630×세로 968㎝의 대형 벽화를 구상 2개월, 작업 2개월이라는 짧은 기간에 전격적으로 완성된 것도 수상한 점이다.

주문과 제작에 시간이 길어지면 그림에 대한 논의가 촉발되는 등 제작 의도를 숨기기에 좋지 않으니 군대 작전처럼 전격적으로 완성한 것이다.

넷째, 안도(安藤) 유고 기록에 의하면 1915년 5월 2일 남겨진 안도의 구상이 불과 17일 만인 5월 19일 타나카 참여와 함께 완전히 다른 모습으로 급변한 것도 이상한 점이다.

1911년 동경 제국극장 천장화를 제작한 스승 와다(和田)가 제국극장 천장화 작업에 참여했던 타나카(田中)를 통해 신공왕후 묘사 기법을 지시하여 급하게 바뀐 것이다.

다섯째, 고구려 고분 천인상을 모델로 하였다는데 '비천'의 얼굴은 눈이 크고, 콧대가 높은 서양인 얼굴을 하고 있는 것도 이상한 점이다.

1882년에 태어난 안도가 1915년까지 33년간 본 신공왕후 얼굴은

1872년부터 사용된 1엔 지폐에 서양인 얼굴을 하고 있는 신공왕후 모습이었기 때문일 것이다.

여섯째, 33세와 31세의 젊은 화가들이 '비천' 제작 후 안도(安藤)는 2년 후 작품 활동을 완전 중단하고, 타나카(田中)는 4년 후 무대 미술로 활동 분야를 바꾼 것도 이상한 점이다.

공진회 이후라도 있을 수 있는 제작 의도에 대한 인터뷰 요청을 미연에 방지하기 위해 일제가 은퇴를 종용하였을 것으로 추측할 수 있다.

이런 의문은 비천 제작 의도를 조작한 조선총독부의 우스꽝스러운 거짓말에서 비롯된 것이다. 한 개의 사실을 숨기려면 수십 개의 거짓말을 해야 한다고 한다.

4. 신도(神道), 스와(諏訪)대사 전나무 신주(神柱)

신도(神道)

신도는 일본신화, 가미(神), 자연신앙과 애니미즘, 조상숭배가 혼합된 일본의 민족종교이다. 자연과 신을 하나로 보고 신과 인간을 잇는 도구와 방법이 제사이며, 그 제사를 지내는 곳이 신사이고 성역화되었다.

신도는 교조나 교리가 없다. 신도는 정비된 신학이나 철학이 아니다.

신도는 기본적인 가치체계, 사유형식, 행동양식으로서 일본인의 생활에 관련되어 있다. 신도 입장에서 보면 현실의 풍토와 사회가 종교의 세계이고, 이런 의미에서 신도는 종교 이전의 종교이다.[74]

---

74) namu.wiki/w/신토

일본 신도의 주요 신앙 중 무신신앙(武神信仰)

신도와 관련된 많은 신앙이 있으나, 위키피디아 내용에 따라 그 규모 순으로 스와신앙까지 6종류만 요약하였다.[75]

신도의 6개 주요 신앙 중 하치만(八幡)신앙과 스와(諏訪)신앙은 武家에서 신앙하는 武神, 軍神과 관계가 있음을 볼 수 있다.

(1) 하치만(八幡)신앙

옛날에는 일본 건국의 신 다케하야 스사노오 미코토(建速須佐之男命)와 그의 아들인 이타케루 미코토(五十猛神)를, 현재는 응신천왕, 신공왕후 등을 믿고 있다. 大分縣 宇佐市 宇佐神宮이 기원이지만 겐지 가문 등 武家를 비롯해 전국으로 퍼졌다.

(2) 이세(伊勢)신앙

고대 황조신 아마테라스 오미카미(天照大御神)를 이세신궁에 모시고 비로자나불과 습합했지만 다시 분리했다. 『일본서기』에 따르면 B.C. 2세기에 일본 왜왕의 선조 여신 아마테라스 오미카미를 모신 곳이다. 20년마다 신전을 허물고 다시 짓는다.

---

75) ko.wikipedia.org/wiki/신토

(3) 텐진(天神)신앙

본래 텐진은 하늘에서 내려온 天津神과 지상에 원래 있던 國津神을 지칭했으나, 헤이안 시대 귀족이자 학자이며 정치가였던 스가와라노 미치자네(菅原道真) 사후 원령이 된 것이 두려워 신불습합을 한 뒤 天滿大自在天神으로 신격화한 어령신앙으로 福岡縣 太宰府市 太宰府天滿宮, 京都府 北野天滿宮 중심으로 퍼져 있다. 주로 천둥의 신(雷神)과 학문의 신으로 믿고 있다.

(4) 이나리(稲荷)신앙

이나리 오미카미(稲荷神)와 곡물신(宇迦之御魂神)을 모시는 京都府 伏見 稲荷神社에서 기원했으며 에도 시대에는 神大市比売나 大年神으로 장사와 산업의 신으로 믿어졌다.

(5) 쿠마노(熊野)신앙

황조신(須佐之男命)을 모신다. 出雲國造를 모신 熊野大社나 熊野国造를 모신 熊野那智大社, 熊野速玉大社 등에서 기원했다. 불교나 수험 등과도 관계가 있다.

(6) 스와(諏訪)신앙

오오쿠니시(大國主)의 아들인 해신족 스와씨의 선조 타케미나카타(建御名方神)와 아내인 야사카토메(八坂刀売神)를 모신다. 洲羽国造, 科野国造 등을 모시는 스와(諏訪)大社에서 기원했다. 고대에는 수렵, 농경, 바람, 물의 신이었고 가마쿠라 시대에는 武神으로 武家에서 믿었다.

宇佐神宮 宇佐祭, 諏訪大社 御柱祭

앞에서 본 일본 신도 6개 주요 신앙 중 무신, 무가와 관련이 있는 하치만(八幡)신앙 본사인 大分縣 宇佐市 宇佐神宮의 宇佐祭와 스와(諏訪)신앙 본사인 長野縣 諏訪大社의 御柱祭에 관해 요약한다.

(1) 우사(宇佐)神宮 우사사이(宇佐祭)

武神으로 숭배를 받는 하치만(八幡)신앙의 본사 宇佐神宮의 宇佐祭는 황실에서 공물을 받고 거행되는 제사로, 宇佐神宮에서 가장 중요한 축제이다. 1월 6일 八幡大神(應神天皇) 탄신제가 있으나 宇佐神宮 제일의 축제는 아니다. 아울러 신공왕후에 관한 축제는 없다.[76]

---

76) www.usajinguu.com/festival-list/

(2) 諏訪大社 온바시라사이(御柱祭)

6년마다 4월에서 6월에 거행된다. 上社(本宮, 前宮)와 下社(春宮, 秋宮)에서 별도로 진행된다. [사진 5-12]와 같이 上社, 下社 각각 산에서 수령 약 200년 전나무(직경 1m, 길이 17m, 무게 10톤) 거목 8본을 베어 上社는 20㎞, 下社는 12㎞ 도로 위에서 사람 힘만으로 끌어 각각의 宮, 네 모퉁이에 신주(神柱)를 세우는 축제이다.[77] 요약하면 일본 신도에서 무신에 드리는 가장 중요한 축제이다.

[사진 5-12] 스와(諏訪)대사 온바시라사이(御柱祭) 모습[78]

77) suwataisha.or.jp/onbashira.html
78) suwataisha.or.jp/onbashira.html

스와대사 전나무 신주(神柱)의 모습

스와대사는 4개의 신사로 구성되어 있다. 그중 上社 前宮의 경내도를 [사진 5-13]에 예시한다. 신주(神柱)가 어디에 어떻게 위치하는지 보자. 경내도 제일 안쪽에 上社 前宮의 본궁이 있고 그 주위로 4본의 신주가 있음을 볼 수 있다.

[사진 5-14]에 4본의 신주 중 1번 신주의 모습을 예시한다.

신주는 신령 강림의 처소라는 설[79]이 가장 유력하다.

[사진 5-13] 스와(諏訪)대사 상사 전궁 경내도[80]

[사진 5-14] 스와대사 상사 전궁의 4본 신주 중 1번 신주[81]

---

79) ja.wikipedia.org/wiki/諏訪大社

80) suwataisha.or.jp/wp-content/themes/suwataisha/assets/images/keidai_maemiya.pdf

81) www.suwa-tourism.jp/feature/suwa-taisha/

NPO 법인 社叢학회 뉴스 제17호(2005년 9월 12일) 기사

社叢학회는 鎭守의 숲(신사 주변의 숲)을 학제적으로 연구하는 NPO 법인이다.[82] 학회 뉴스 제17호(2005년 9월 12일)에 보면 '諏訪大社의 社叢과 御柱祭'라는 보고에 아래와 같은 글귀가 있다. 글쓴이는 平林成元(諏訪大社 宮司),[83] 宮坂源吉(御柱의 숲 관리협의회 회장), 上田篤(京都精華大學 名譽敎授·社叢學會 副理事長)이다.

> 御柱用材는 과거에는 편백, 화백, 삼나무, 일본 낙엽송 등도 사용되었으나, 近年에는 우라지로모미(일본전나무의 한 종, 裏白樅木, Nikko fir, 제6장 「3. 한국과 일본의 전나무」 참조) 흉고직경 1m에 가까운 대목이 사용된다.

필자는 御柱用材가 近年에 전나무로 바뀌었다는 사실을 근거로 일제강점기 즈음 조선에 심어진 전나무가 스와대사 전나무 신주(神柱)와 같은 의미라고 생각하는 것이다.

조선에는 위 문단에 있는 편백, 화백, 삼나무가 없고, 일본 낙엽송과 비슷한 조선 낙엽송은 있으나 조선전나무보다 훨씬 추운 곳에서만 자라 전나무보다 심을 수 있는 지역이 더 좁아진다. 그래서

82) www.shasou.org/index.html
83) 일본 신사의 제사를 맡은 신관(神官)의 최고위직

명치 정부는 조선에도 있고 일본에도 있는 전나무로 신주(神柱)를 바꾸고, 같은 의미의 전나무를 조선에 심었다고 생각하는 것이다.

위와 같은 주장의 근거가 되는 연구를 보자.

이시카와(石川 俊介)는 그의 박사논문에서 아래와 같이 서술하고 있다.[84)]

> 諏訪大社 4개 宮 16본 御柱를 바꿔 세우는 御柱祭 奉事를 담당하는 지역 구분은 명치 17(1884)년에, 담당 지구 조합은 명치 35(1902)년에 고정되었고 현재까지 답습되고 있다.
> 大正 5(1916)년, 諏訪神社는 諏訪大社로 승격되었고, 그 후 제2차 세계대전 중에는 정부·軍部로부터 祭神 '建御名方'의 軍神 性格이 주목되어, 下社 秋宮 神樂殿에 東鄉平八郎[85)]의 直筆인 '日本第一大軍神'이라는 편액이 걸리게 되었다.

① 명치 정부가 현재까지 유지되는 諏訪大社 御柱祭 틀을 1884~1902년에 완성하였고, 1916년 諏訪神社를 諏訪大社로 승격시켰으며, 제2차 세계대전 중에는 諏訪大社 祭神인 '建御名方'을 軍神으로 주목하여, '日本第一大軍神'이라는 편액을 내렸다는 이시카와(石川)의 논고가 있다.

---

84) 石川 俊介. 2014. 諏訪大社御柱祭の文化人類學的研究. 名古屋大學 博士學位論文. 284.

85) 일본해군 원수·해군대장. 노일전쟁 지휘관으로 영웅시됨. 東鄉神社에 모셔짐.

② 平林 成元(諏訪大社 宮司)가 社叢학회 뉴스 제17호(2005년 9월 12일)에 보고한 御柱用材가 近年에 우라지로모미(일본전나무의 한 종, 裏白樅木, Nikko fir, 제6장 「3. 한국과 일본의 전나무」 참조)로 바뀌었다는 논고가 있다.

①과 ②를 연결하여 추론해보면, 御柱用材가 변경된 시기 近年은 명치 정부가 御柱祭 틀을 완성한 1884~1902년을 말하고, 변경을 결정한 주체는 명치 정부인 것이다.

조선에 스와(諏訪)대사 神柱와 같은 의미로 전나무를 심으려고 명치 정부가 바꾼 것이다.

스와(諏訪)대사 홈페이지의 스와(諏訪)신앙에 대한 안내

스와대사 홈페이지에서 스와신앙에 관한 부분을 캡처하여 [사진 5-15]에 나타내었다.

이 중 스와신앙을 설명하는 세 번째 문단을 번역, [표 5-2]에 나타내었다.

諏訪の信仰

全国に分布する御分社は一万有余社を数えお諏訪さま、諏訪大明神と親しまれ、敬まわれつつ巾広い信仰を有し、御神徳の数々は枚挙にいとまがありません。古くからある信仰には風と水を司る竜神の信仰や、風や水に直接関係のある農業の守護神としての信仰が著名です。

また水の信仰が海の守り神となり、古くからある港の近くには必ずと言っても良い程にお諏訪さまがお祀りされております。

神功皇后の三韓出兵や坂上田村麿の東夷平定にも神助ありと伝えられ、東関第一の軍さ神、武家の守護神とも尊ばれて来ました。精進潔齋を形だけする者より、肉を食べても真心込めて祈る者を救おうという諏訪大明神御神託や、浄瑠璃や歌舞伎の本朝二十四孝が世上に広まるにつれ、日本の屋根信州諏訪の地へとの参拝者も日と共に繁く、諏訪大明神の御神德の厚きことが伺われます。

[사진 5-15] 스와대사 홈페이지의 스와신앙 안내[86]

[표 5-2] 스와(諏訪)大社 홈페이지 스와(諏訪)信仰에 대한 안내

神功皇后の三韓出兵や坂上田村麿の東夷平定にも神助ありと伝えられ、東関第一の軍さ神、武家の守護神とも尊ばれて来ました。
신공황후의 삼한출병이나 坂上田村麿의 동쪽 오랑캐 평정에도 신(神)의 도움이 있었다고 전해져, 동쪽 관동지방 제1의 군신, 군인 가문의 수호신으로서도 존경받아왔습니다.

『일본서기』 신공왕후편 삼한정벌 설화, 스와(諏訪)대사 홈페이지의 스와신앙, 스와대사 온바시라사이(御柱祭), 일본 社叢학회 뉴스 17호의 내용을 같이 생각해보자.

86) suwataisha.or.jp/suwataisya.html

제5장 「3. 정한론, 신공왕후, 비천화」의 『일본서기』 신공왕후 삼한정벌 설화에 다음과 같은 구절이 있다.

> 風神과 海神이 바람과 파도를 일으키고 大漁가 해 중에 떠올라 왕후의 軍船을 도왔다.

스와대사 홈페이지에 따르면 삼한정벌 때 신공왕후를 도운 '風神과 海神'이 스와신사의 제신(祭神)이라는 것이다.

조선을 침략한 명치 정부는 삼한정벌 때 신공왕후를 도운 스와대사 제신(祭神)에게 다시 도움을 받기 위해 조선으로 모시고자 하였다.

그러나 당시 스와대사에서 신주(神柱)로 사용하던 편백, 화백, 삼나무는 조선에 없고, 일본낙엽송과 비슷한 조선낙엽송은 있으나 조선전나무보다 훨씬 추운 곳에서만 자라기 때문에 심을 수 있는 지역이 전나무보다 현격히 좁아진다.

그래서 명치 정부는 조선에도 있고 일본에도 있는 전나무로 신주(神柱)를 바꾸고, 같은 의미를 가진 전나무를 조선에 심은 것이다.

조선에 심어진 전나무는 일본 스와대사 전나무 신주(神柱)와 같이 스와대사의 제신(祭神)이 깃들어 조선에 있는 일본인에게 신덕(神德)이 내려지기를 바라면서 심은 것이다.

전나무 노거수는 일제의 神木인 것이다.

지금도 계속되고 있는 일본의 전나무 심기

1966년 4월 5일자 동아일보 기사[87]를 보면 일본 사이타마(琦玉)현 주민들이 한국의 산림녹화를 위해 전나무 씨앗 다섯 드럼을 주일 한국대사관에 기증했다고 보도하고 있다.

이는 1966년 2월에 한국에 왔던 일본 참의원 쓰치야 씨가 운동을 전개, 이날 사이타마현청에서 기념식을 갖고, 메시지와 함께 주일 한국대사관 安○○ 공사에게 전했다고 보도하고 있다.

일본전나무는 재질이 단단하지 못해 일본에서도 잘 안 심는 나무이고 우리나라는 기후가 추워 경남, 전남 이외에는 심을 수 없는 나무이다. 한국의 산림녹화에 적당하지 않은 전나무를 기증한 이유가 심히 의심스러운 대목이다.

87) newslibrary.naver.com

제6장

결론

1. 사진, 답사 등 조사된 전나무 전체 목록

조선고적도보, 일제강점기 사진에서 관찰된 전나무 목록

[표 6-1]에 조선고적도보와 일제강점기 사진에서 찾은 전나무를 위치, 성격별, 나무 높이 크기순으로 나타내었다.

[표 6-1] 조선고적도보 등 옛날 사진에서 관찰된 전나무 목록

구분		전나무 위치	본수	목측 높이 (m)	추정 나무 나이(년)	추정 식재 년도(년)	비고
사찰	합천 해인사	사찰 담장 밖	5본 이상	7	23	1893	조선 고적 도보 사진
	양산 통도사	천왕문 안팎	5본 이상	7	23	1893	
	묘향산 보현사	묘탑군 주변	4	4	16	1900	
	금강군 표훈사	서산대사비 주변	2	4	16	1900	
	금정산 범어사	대웅전 앞	3	3	13	1903	

왕릉	구리 동구릉 건원릉	능침 오른쪽	3본 이상	10	30	1886	조선고적도보사진
	여주 효종 영릉	정자각 오른쪽	1본	10	30	1886	
	여주 세종 영릉	진입로 오른쪽	2본 이상	4	15	1901	
공공시설	일본군 보병 78연대	정문 안 오른쪽	2	6	1905년 용산 일본군 주둔 시작		일제강점기사진
	경성 은사기념 과학관	건물 현관 좌우	4	6	1907년 통감부 신축 1927년 과학관 개관		
	명월관	건물 현관 왼쪽	3	5	1909년 개업		
	경성여자고등보통학교	건물 현관 오른쪽	3	4	1911년 현 위치 이전		
	남산 경성신사	건물 현관 왼쪽	2	3	1929년 현 위치 이전		
	남산 조선총독부 별장	별장 울타리 안쪽	3	2	-		
	경주역	건물 현관 좌우	2	2	1936년 준공		
	부산 용두산공원	계단 오른쪽	2	2	1944년 지정		
	조선물산공진회 참고관	건물 현관 왼쪽	2	1.5	1915년 박람회 임시 건물		

필자가 답사한 곳에서 조사된 전나무 목록

[표 6-2]는 필자가 답사 조사한 전나무를 위치, 성격별, 가슴높이 직경 크기순으로 정리한 것이다.

[표 6-2] 조사된 전나무 노거수 위치 성격별, 가슴높이 직경순 목록

구분	위치	전나무 위치	본수	직경 (cm)	목측 높이 (m)	비고
사찰	월정사	천왕문 앞 오른쪽	2	100	30	1882년 식재
	해인사	일주문 안 오른쪽	1	100	30	
	법주사	천왕문 앞 좌 우	2	80	25	
	신흥사	천왕문 앞 왼쪽	2	66	25	
	마곡사	대웅전 앞 왼쪽	1	66	20	
	내소사	천왕문 안	1	60	15	1903년 식재
	직지사	부도 뒷편	5	50	18	
	불국사	자하문 오른쪽 길	3	58	15	일본전나무
왕릉	남양주 세조 광릉	정자각 앞, 홍살문 좌우	6	95	30	광릉지 1872년 식재 승정원 1885~1888년 식재
	동구릉 문종 현릉	능침 왼쪽	3	65	12	승정원 1885~1887년 식재
	파주 삼릉 예종 공릉	재실 옆	3	68	20	
	여주 효종 영릉	진입로, 재실 옆	3	66	20	

왕릉	서오능 숙종 익릉	정자각 오른쪽	1	66	20	
	서오능 (순창원)	정자각 오른쪽	1	64	12	
	파주 삼릉 성종 순릉	능침 왼쪽	1	60	18	
	김포 장릉 원종 장릉	재실 옆	6	52	18	
	남양주 고종 홍릉	어로 오른쪽	2	44	15	1919년 조성
	선정릉 성종 선릉	홍살문 오른쪽	3	41	12	
	이문동 경종 의릉	홍살문 오른쪽	2	36	12	
	화성 장조 융릉	금천교 건너 좌우	2	35	7	
	영월 단종 장릉	정자각 왼쪽	-	목측 25	12	
공공 시설	축산시험장 취원각	천안 성환면 어룡리 353-12	4	80	25	1914년 건축
	남한산 초교	남한산성면, 교문 좌우	2	80	17	1901년 설립
	남산 초교	남산면 운동장 왼쪽	1	68	8	1922년 개교
	대관령 산신당	산신당 뒤편	2	64	15	
	경주문화원	향토사료관 앞	2	63	8	1926년 10월 09일 기념식수 일본전나무

공공시설	통영 충렬사	내삼문 안팎 벌근 3본 85년생	-	-	-	1938년 식재 (2013년 벌채), 일본전 나무
공공시설	권율 장군 묘소	앞산	5	60	20	1937년 식재
공공시설	정릉 청수장	정릉 국립공원 안내소	2	56	20	1910년대 건축
공공시설	아산 현충사	이순신 장군 고택 대문 왼쪽	2	46	15	
공공시설	예산 윤봉길 사적	충의사 입구	2	39	10	1968년 건립
공공시설	천안 유관순 유적	열사 추모각 왼쪽	2	32	10	1972년 준공
공공시설	육군훈련소	정문 왼쪽	1	-	10	
공공시설	해병부대	정문 왼쪽	1	-	10	

[표 6-3] 조사된 전나무 노거수 가슴높이 직경급 빈도 분포

구분	~29	30 ~39	40 ~49	50 ~59	60 ~69	70 ~79	80 ~89	90 ~99	100~	계
빈도	1	4	3	4	13	-	3	1	2	31
%	3	13	10	13	42	-	10	3	6	100

2. 종합 논의

조선고적도보, 일제강점기 사진의 어린 전나무는 일제가 심은 것이다

① [표 6-1]에 나타낸 조선고적도보 사찰, 왕릉 사진과 일제강점기 공공시설 사진 17장에 어린 전나무가 있다. 각 주체가 독자적으로 나무를 심었는데 우연히 전나무로 통일된 것이라고는 볼 수 없다. 일제의 식재 지침에 의해 심어진 것이다.

② 조선고적도보 사찰, 왕릉 사진의 어린 전나무는 공공시설보다 조금 빠른 시기, 일제강점기 직전에 일제가 심은 것이다. 사찰은 1877년 시작된 일본불교 조선 포교 과정에서 심어진 것이고, 왕릉은 1880년부터 1900년 즈음 친일 세력의 건의에 의해 조선 조정이 심었을 가능성을 생각할 수 있다.

사찰, 왕릉, 공공시설에 현존하는 전나무 노거수도 일제가 심은 것이다

① '전나무 노거수는 일제의 신목(神木)이다'라는 가설을 세우고 수년간 사찰, 왕릉, 공공시설 등 70여 곳을 답사하였다. [표 6-2]에 대표적인 34곳의 전나무 크기를 나타내었다. [표 6-2]의 전나무는 가슴높이 직경급에 따른 굵은 선을 경계로 사찰, 왕릉은 일제강점기(이전, 동안, 이후)로 식재된 시기가 나누어지고, 공공시설은 일제강점기(동안, 이후)로 나누어진다. 사찰, 왕릉, 공공시설 모두 일제강점기 동안 심어진 전나무가 월등히 많다. 일제가 심은 것이다.

② [표 6-3]을 보면, 우리 주변에 전나무가 어떻게 심어지고 있는지 그 실태를 더 분명히 알 수 있다. 1877년부터 1910년경에 심은 80~100㎝ 크기 전나무가 있는 장소가 6곳 있는데, 일제강점기에 심은 것이 분명한 60㎝ 크기의 전나무가 13곳에 있다. 즉, 일제강점기 중 길지 않은 특정 기간에 전나무가 집중적으로 심어진 것이다. 60~69㎝ 크기 전나무는 수많은 식재 기록을 근거로 일제강점기에 심어진 것을 확인할 수 있다. 60~100㎝ 크기 전나무 노거수는 일제가 심은 것이다. 아울러 20~50㎝ 크기의 전나무가 있는 곳도 12개 장소나 관찰되어, 일제강점기 이후에도 전나무는 계속 심어지고 있다는 점을

알 수 있다.

③ 1937년 경기도 양주시 권율 장군 묘소 앞산에 일제가 전나무 심기를 권유, 강요하여 자기 손으로 전나무를 심었다는 103세(2016년 기준) 어르신의 증언도 있었다(제4장 「1. 임진왜란 사적지의 전나무」). 경남 통영시 이순신 장군 사당 충렬사에 1938년 일본전나무가 심어진 사실도 확인하였다(제4장 「1. 임진왜란 사적지의 전나무」). 경북 경주시 경주문화원 향토사료관(당시는 조선총독부 박물관 경주분원) 앞에 1926년 일본 왕자 쇼와(昭和)가 일본전나무를 심은 것도 확인하였다(제3장 「4. 관공서의 전나무」). 일제가 아니면 누가 일본전나무를 가려 심겠는가?

④ 사찰에 가슴높이 직경 100㎝급 전나무가 현존하는 것을 보면 1877년 시작된 일본불교 조선 포교 과정에서 전나무 심기가 시작된 것으로 판단할 수 있다. 한편 [표 6-1] 조선고적도보 사진의 어린 전나무는 왕릉이 사찰보다 컸는데 왕릉에는 100㎝ 이상의 전나무는 없었다.

일제가 심은 전나무 노거수는 일제의 신목이다

① 관련된 사실을 열거해보자. ⓐ 스와대사 홈페이지의 삼한정벌 때 신공왕후를 도운 '風神과 海神'이 스와신사 제신(祭神)이라는 안내, ⓑ 현재까지 유지되는 御柱祭 틀을 1884~1902년에 명치 정부가 완성하였다는 사실, ⓒ 제2차 세계대전 중 스와대사에 '日本第一大軍神'이라는 편액이 내려졌다는 사실, ⓓ 스와대사 神柱로 과거에는 편백, 화백, 삼나무, 일본 낙엽송 등도 사용되었으나, 近年에는 우라지로모미(일본전나무 일종, 裏白樅木, Nikko fir, 제6장 「3. 한국과 일본의 전나무」)로 바뀌었다는 2005년 社叢학회 뉴스 기사가 있다.

② 위의 내용을 종합하면, 2005년 社叢학회 뉴스 기사에서 스와대사 神柱가 우라지로모미(일본전나무의 일종)로 近年에 바뀌었다고 하는 내용의 近年은 명치 정부가 御柱祭 틀을 완성한 1884~1902년을 말하고, 변경을 결정한 주체는 다름 아닌 명치 정부인 것이다. 즉, 명치 정부가 신주(神柱)에 사용하는 나무를 조선과 일본에 모두 있는 전나무로 바꾸고 스와대사 신주(神柱)와 같은 의미로 조선에 전나무를 심은 것이다.

③ 스와대사 제신(祭神)이 신공왕후 삼한정벌 때 신덕(神德)을 내린 것처럼, 명치시대 조선에 있던 일본인에게도 같은 신덕이

내려지기를 바라며 스와대사 전나무 신주(神柱)와 같은 의미로 조선에 전나무를 심은 것이다. 일제가 심은 전나무는 일제의 신목이다(제5장 「4. 신도(神道), 스와(諏訪)대사 전나무 신주(神柱)」).

우리 선조들도 전나무가 일제의 신목이라는 것을 알고 있었다

① 1930년 4월 30일 조선의 두 청년이 전남 화순읍 남산공원에 신축된 신사에 들어가 신전을 부수고 일본전나무 한 그루를 뽑아버린 사건이 있었다. 두 분은 전나무가 일제의 신목이라는 것을 알고 있었던 것이다(제3장 「2. 신사의 전나무」).

② 경북 5개 교구 본사인 의성 고운사, 영천 은해사, 대구 동화사, 김천 직지사, 경주 불국사에는 단 한 본의 전나무 노거수가 없다. 다른 사찰에 모두 있는데 안 심어졌을 리가 없다. 일제강점기 이후 사찰의 스님들이 모두 없앤 것이다. 당시 사찰 스님들은 전나무가 일제의 신목이라는 것을 알고 있었다(제1장 「2. 경북 5개 교구 본사 전나무 노거수 없는데, 다시 심는 사찰」).

전나무 식재 이유가 꼭 밝혀져야 되는 이유

① 일제강점기 즈음 일제가 전나무를 신목(神木)으로 심었다는 것을 알고 있던 선배들이 이를 바로잡지 않은 채 긴 시간이 흘렀다. 우리 주변에 있는 전나무 노거수 식재 이유가 밝혀지지 않은 결과, 불국사는 일본전나무를 심었고(제1장 「2. 경북 5개 교구 본사 전나무 노거수 없는데, 다시 심는 사찰」), 육군훈련소, 해병부대 정문에도 전나무를 심었다(제3장 「3. 일본군 주둔지의 전나무」). 학교에서는 일제가 심은 전나무 노거수 살리기 운동을 하고 있다(제3장 「4. 관공서의 전나무」).

② 잊힌 역사는 반복된다는 가슴 아픈 현실이 나타나고 있다. 일제가 은밀히 숨긴 일이라면 더욱 명확히 밝혀야 한다. 그래야만 동반의 길로 나아갈 수 있다.

참고로 적는다.

필자는 전나무 노거수 관련 두 편의 논문을 학회에 발표한 바 있다.

①「주요 사찰에 일제가 심은 전나무 노거수의 식재의미 연구」. 한국조경학회지 43(4) 50-61. 2015.

②「일제가 심은 전나무와 우리가 항일 사적지에 심은 전나무에 관한 고찰」. 한국산림과학회지 106(1) 87-99. 2017.

3. 한국과 일본의 전나무

전나무속(Abies)은 소나무과에 속한다. 늘푸른 바늘잎나무 48~56종의 나무를 거느린다. 다 자라면 키가 10~80m에 이르며 줄기 지름은 0.5~4m 정도이다.

전나무속은 다른 소나무과 나무와 잎, 열매가 다르다. 잎은 바늘잎으로 작은 빨판을 닮은 기부의 잔가지에 몇 개씩 묶여 난다. 열매는 솔방울 열매로 5~25㎝ 길이의 원통형인데 하늘을 향해 똑바로 서며 여물면 벌어져 날개 달린 씨가 나온다.

종들은 잎의 크기와 배열, 솔방울 열매의 크기와 모양에 따라 포엽(苞葉)이 길고 돌출되었는지, 짧고 열매에 숨었는지에 따라 구분한다. 개잎갈나무속과 가장 가까우며 북부·중앙아메리카, 유럽, 아시아, 북아프리카의 산악 지대에 서식한다.88)

[표 6-4]에 한국과 일본의 전나무 특성을 비교한다.

88) ko.wikipedia.org/wiki/전나무속

[표 6-4] 한국과 일본전나무의 비교

구분	한국전나무	일본닛코전나무	일본전나무
학명	Abies holophylla	Abies homolepis	Abies forma
영명	Manchurian fir, Needle fir	Nikko fir	Japanese fir
한자명	樅木	裏白樅木	樅木
일본명	チョウセンモミ	ウラジロモミ	モミ
잎의 끝 모양	끝이 뾰족하다. 닿으면 아프다.	끝이 갈라진 것도 있다. 닿아도 아프지 않다.	어릴 때는 갈라진다. 닿으면 아프다. 성목은 끝이 둥글어진다.
잎의 뒷면	7~8개의 기공 조선이 있다.	기공대가 있다. 가장 하얗다.	기공대가 있다.
어린가지 표면	매끈하다.	깊은 주름이 있다.	암갈색 짧은 털이 있다.

한국전나무

한국과 만주가 원산지이고 우리나라에는 지리산으로부터 함경북도에 이르는 한대 및 아한대 지역에 분포하며 산기슭, 산중턱 및 산골짜기의 땅 깊이가 있는 곳에 서식한다.[89]

89) treeworld.co.kr

한국과 중국에 분포하는 전나무로, 잎이 일본전나무보다 길고 잎의 끝이 두 개로 나누어지지 않는 것이 특징이다.[90]

일본닛코전나무

후쿠시마(福島)縣보다 남쪽의 혼슈(本州), 시코쿠(四國)에 자생하는 일본 특산 상록침엽수다. 산등성이 등 일본전나무보다 표고가 높은 장소에 자라고, 나가노(長野)縣 내륙부에 많다.

멀리서 보면 이름과 같이 잎의 뒷면이 하얗게 보이기 때문에 우라지로모미(ウラジロモミ, 뒷면이 하얀 전나무, 裏白樅木)라고 불린다. 가까이서 보면 녹색과 흰색의 줄무늬처럼 보이고, 연한 녹색을 띠는 일본전나무보다 하얀색의 농도가 더 강해 눈에 띈다.[91]

잎의 표면은 광택이 있고 짙은 녹색을 띤다. 잎의 끝이 약간 갈라진다. 일본전나무는 보다 깊이 갈라진다.

당년 가지는 밝은 황토색으로 광택이 있고 도랑과 같은 깊은 주름이 있다. 일본전나무는 암갈색의 짧은 털이 있다.[92]

---

90) uekipedia.jp
91) uekipedia.jp
92) kanon1001.web.fc2.com

일본전나무

아키타(秋田)縣 및 이와테(岩手)縣보다 남쪽의 혼슈(本州)에서 큐슈(九州), 야쿠시마(屋久島)까지 분포하는 소나무과의 상록침엽수다. 일본 고유종이다. 각지의 구릉 등에 솔송나무, 소나무 등과 같이 자란다.

모미(モミ)라는 이름은 천왕 행차 시 천왕의 자리에 많이 심어 '신의 나무(臣木, おみの木)'가 되었다는 설이 있다.[93]

한국전나무는 [사진 6-1a]와 같이 잎의 길이가 길고 바늘처럼 뾰족하다. 또 [사진 6-2b]처럼 어린 가지 표면이 매끈하다.

[사진 6-3a]의 닛코전나무는 잎의 끝이 두 개로 갈라진 것도 있으나 피부에 닿아도 아프지는 않다. [사진 6-4c]를 보면 닛코전나무는 잎 뒷면에 하얀 기공대(氣孔帶) 2개가 눈에 띈다. 어린 가지 표면에는 깊은 도랑과 같은 주름이 있다. 또 [사진 6-5a]와 같이 닛코전나무는 이름처럼 잎의 뒷면이 희게 보인다.

[사진 6-6c]의 일본전나무는 잎의 길이 2~3㎝이며 어린 나무에서는 잎끝이 2개로 갈라지고 피부에 닿으면 아프다. 성목이 되면

93) uekipedia.jp

[사진 6-1a] 한국전나무 잎

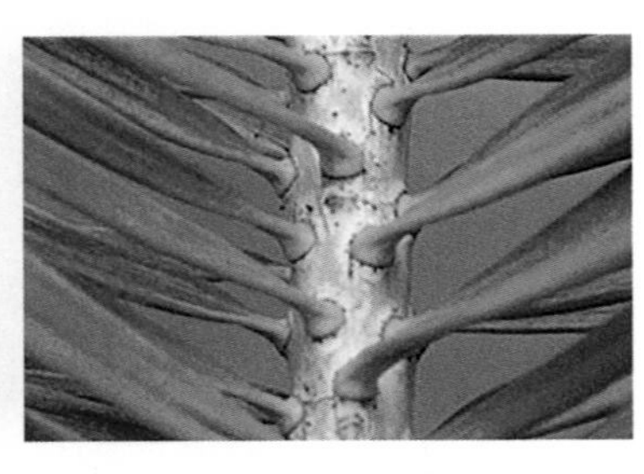

[사진 6-2b] 한국전나무 가지

[사진 6-3a] 일본닛코전나무 잎

[사진 6-4c] 일본닛코전나무 가지

[사진 6-5a] 일본닛코전나무 원경

[사진 6-6c] 일본전나무 잎

[사진 6-7a] 일본전나무 잎

[사진 6-8c] 일본전나무 가지

잎의 끝이 둥글어지고 약간 들어간다. 잎 뒤에는 하얀 기공대가 있다. 일본전나무는 나이가 들면 [사진 6-7a]처럼 잎의 끝이 둥글게 된다. [사진 6-8c]를 보면 일본전나무의 어린 가지 표면은 낫코전나무처럼 깊은 도랑은 없고 암갈색의 짧은 털이 있다.

※ 사진 출처

a - 庭木圖鑑 植木ペディア: uekipedia.jp
b - 트리월드: treeworld.co.kr
c - かのんの樹木圖鑑: kanon1001.web.fc2.com

別章

일제는 조선의 신목(神木)도 탄압하였다

1. 조선의 노거수 자료도 조작

필자는 현재 우리 생활 주변의 사찰, 왕릉, 학교 등에 있는 전나무 노거수를 누가, 왜 심었는지 밝히기 위해 자료를 모으고 답사를 하였다.

한편 우리 국토에는 일본불교 조선 포교(1877년) 이전부터 자생하는 전나무들이 있다. 따라서 2024년 현재 능히 200년 이상 된 전나무 노거수가 우리 국토 곳곳에 있다.

일제가 심은 신목(神木)이 원래부터 한반도에서도 자생하던 전나무이고, 식재 이유에 대한 기록은 없고, 시간이 최소 80년 이상 흐르다 보니 '전나무는 일제의 신목(神木)이다'라는 이 주장이 뜬금없고 믿기지 않을 것이다. 필자도 그 설명과 입증이 쉽지 않음을 절감한다.

그러면 일제가 전나무 심기를 시작하기 전에 우리 땅에는 전나무 노거수가 얼마나 있었을까? 관련 자료를 찾다가 조선총독부가 1916년에 실측, 1919년에 발행한 『조선거수노수명목지』라는 책자를 발견하였다. 만들어진 지 백 년이 된 자료이다. 전나무 노거수는 3,170본 중 74본이었다. 약 2.3%였다. 역시 전나무가 많이 심어지지는 않았다는 것이 확인되었다.

그러나 그다음부터는 이 자료의 해괴함에 대한 놀라움의 연속이었다. 필자는 이 자료가 조선의 신목을 훼손하기 위해 만들어졌다는 사실을 입증하는 논문을 2019년 학회에 발표하였다.[94] 이어지는 내용은 그 논문을 요약한 것이다.

94) 박찬우 등. 2019. 조선거수노수명목지에 왜곡되어 있는 조선의 신목에 관한 고찰. 한국산림과학회지 108(3): 372-381.

2. 동반의 길은 명확히 아는 것에서부터

『조선거수노수명목지』 요약

『조선거수노수명목지』의 표지와 느티나무 목록 첫 페이지를 [사진 7-1], [사진 7-2]에 나타낸다.

[사진 7-1] 『조선거수노수명목지』 표지

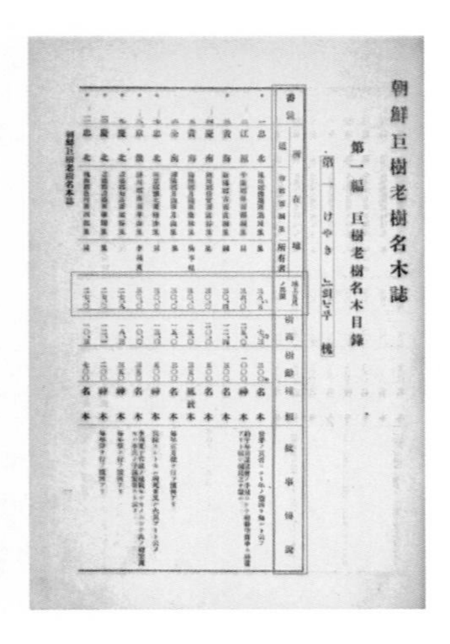
朝鮮巨樹老樹名木誌

第一編 巨樹老樹名木目錄

第一 けやき 느틔나무 欅

[사진 7-2] 느티나무 목록의 첫 페이지

『조선거수노수명목지』를 한마디로 요약하면 1916년에 노거수

5,328본을 조사, 연관되어 있는 고사·전설(노거수를 벌채하지 못하는 사유)를 7개 유형으로 구분한 뒤, 그중 크거나 저명한 노거수 64수종 3,170본을 골라 수종별, 가슴높이 둘레 크기순으로 편찬하여 1919년에 발행한 자료이다.

『조선거수노수명목지』는 단순히 조선 노거수의 본수와 크기에 관한 자료만은 아니다. 『조선거수노수명목지』는 조선 노거수의 고사·전설을 조사한 자료이고, 따라서 조선의 신목(神木)을 조사한 자료이다.

일제는 조선의 노거수를 벌채하지 못하는 이유를 ① 신목, ② 당산목, ③ 명목, ④ 정자목, 몇 본으로 이루어진 숲의 ⑤ 피서(避暑), ⑥ 호안(護岸), ⑦ 풍치 등 7개 유형으로 구분하고 그 특성을 다음과 같이 설명하고 있다. 정자목, 피서목, 호안목, 풍치목은 그 숫자가 얼마 되지 않고 그 유형 이름에 특성이 분명하여 설명을 생략한다.

① 신목: 일명 부군목 또는 장군목이라고 한다. ⓐ 나무에 신령이 들어 있다. ⓑ 나무 자체를 신체(神體)로 인식, 제단을 마련하고 한 집안 또는 마을의 행복을 기도한다. ⓒ 제사를 태만히 하면 한 집안 또는 마을에 신벌이 있으므로 매년 제사를 지낸다. 대개 마을 근처에 있다.

② 당산목: 일명 성황목, 당사목(堂社木)이라고 한다. ⓐ 산제당(산신당, 산왕당), ⓑ 성황당, ⓒ 신당 등의 당우(堂宇) 배후에 존재한다. 당우의 신령은 출산, 병환 쾌유, 행복 등을 기도하면 효험이 있다고 한다. 당우는 산록, 산정, 고갯마루, 마을 입구에 위치한다.

③ 명목: ⓐ 성현, 왕족, 귀인 등이 식재한 것이 많다(식재자가 누구인지 전해져 내려온다). ⓑ 드물지만 왕실로부터 서품을 받은 것이 있다. ⓒ 역사적 전설, 고사 또는 신비적 전설을 갖는 경우가 많다.

전국에 산재해 있는 수종별 노거수 목록이라면 소재지별로 정리하는 것이 일반적이다. 그러나 『조선거수노수명목지』는 가슴높이 둘레 길이순으로 편찬되어 있다. 왜 가슴높이 둘레 길이순으로 정리하였을까? 가슴높이 둘레 길이가 의미하는 것은 무엇일까? 그 길이가 긴 노거수와 그 길이가 짧은 노거수는 의미상 어떤 차이가 있을까?

『조선거수노수명목지』 속에 가슴높이 둘레 길이가 의미하는 바가 반드시 있다는 판단하에 [사진 7-2]에 나타나 있는 번호, 소재지 등 9개 항목의 모든 내용을 엑셀 시트에 입력하였다. 느티나무 959본, 팽나무 451본, 은행나무 349본, 소나무 256본을 입력하면서 각 수종 모두 목록의 앞부분, 즉 가슴높이 둘레 길이가 큰 노거수에는 명목이 많고, 목록의 뒷부분, 즉 가슴높이 둘레 길이가 작은 노거수에는 신목이 많은 경향을 발견하였다.

말도 안 되는 경향이었다. 있을 수 없는 일이었다. 상식에 반하는 일이었다. 신목보다 큰 명목이 옆에 있으면 그 신목은 이미 신목이 아니다. 도저히 납득할 수 없는 해괴한 일이었다.

노거수 자료를 엑셀 시트에 입력하면서 느낀 이 해괴한 경향이 사실인지 확인하기 위해 계산을 하였다. 『조선거수노수명목지』에는 64개 수종, 3,170본의 노거수 목록이 있지만 51개 수종은 20본 미만이고, 58개 수종은 100본 미만이다.

조사된 5,328본 중 3,170본을 고르는 과정에 한 수종 내에서 가슴높이 둘레 길이가 큰 것을 명목으로 하고, 작은 것을 신목으로 하는 조작을 하기 위해서는 한 수종의 목록이 100본은 넘어야 한다고 판단하여 6개 수종만을 계산하였다. 64개 수종 중 6개 수종이지만 계산 본수는 3,170본 중 2,459본으로 77.6%를 차지, 표본이 전체를 대표할 수 있는가의 문제는 없다고 판단하였다.

계산 결과를 [표 7-1]에서 보면 분석 대상이 된 6개 수종 2,459본의 48.7%인 1,198본이 명목, 31.9%인 784본이 신목, 5.1%인 126본이 당산목이었다. 나머지 네 유형은 모두 합해도 351본, 14.3%에

불과하였다. 따라서 노거수를 벌채하지 못하는 7가지 사유에 의한 유형 구분은 노거수를 신목으로 볼 것인지 또는 명목으로 볼 것인지를 판단하는 일이었을 것이다.

[표 7-1]에서 신목과 명목의 나무 크기를 보자. 6개 수종 중 느티나무, 팽나무, 은행나무, 소나무 등 네 수종의 직경, 수고, 수령 등 나무 크기를 나타내는 모든 항목에서 제사를 지내거나 기도의 대상이 되는 신목이나 당산목보다 명목이 크다.

본수가 작아 조작이 어려웠는지 들메나무의 직경은 당산목이 가장 크고, 수고와 수령은 신목이 가장 컸다. 회화나무도 직경은 당산목이 가장 크고, 수고와 수령은 명목이 가장 컸다.

『조선거수노수명목지』에 있는 조선의 신목은 명목보다 왜소하고 볼품없는 크기의 나무라는 이 상식에 반하는 사실이 분명히 확인된 것이다. 노거수 유형의 이름이 무엇이든, 가장 크고 웅장해야 신성함이 느껴지는 신목이 될 수 있다. 더 크고 웅장한 명목이 옆에 있으면 그 신목은 이미 신목이 아니다. 신목으로 느껴질 수가 없는 것이다.

일제는 『조선거수노수명목지』의 서언에 임학(林學)상 거수노수명목의 보존을 위해 본 자료를 작성했다고 기록하였지만 이는 가증

스러운 거짓말이다. 『조선거수노수명목지』는 조선의 신목을 조사한 자료이며, 조선 신목의 신성성을 훼손하고 무너뜨리기 위해 조작한 것으로, 진실이 아닌 거짓을 표시한 자료이다. 일제는 조선의 신목조차 폄훼하였다. 조선의 신(神)을 폄훼코자 한 것이다.

[표 7-1] 6개 수종의 신목, 당산목, 명목의 크기 비교

		신목	당산목	명목	소계	기타	계
느티나무	본수 (본)	420	61	356	837	122	959
	직경 (cm)	143	138	**183**			
	수고 (m)	21	19	**22**			
	수령 (년)	292	291	**349**			
팽나무	본수 (본)	104	32	245	381	70	451
	직경 (cm)	113	124	**138**			
	수고 (m)	18	18	**20**			
	수령 (년)	250	333	**278**			
은행나무	본수 (본)	66	2	224	292	52	344
	직경 (cm)	157	179	**184**			
	수고 (m)	24	24	**27**			
	수령 (년)	399	428	**436**			
소나무	본수 (본)	49	22	147	218	38	256
	직경 (cm)	88	89	**104**			
	수고 (m)	13	14	**15**			
	수령 (년)	266	228	**295**			

들메나무	본수 (본)	82	4	97	183	58	241
	직경 (cm)	140	**162**	135			
	수고 (m)	**22**	21	20			
	수령 (년)	**287**	238	243			
회화나무	본수 (본)	63	5	129	197	11	208
	직경 (cm)	114	**164**	142			
	수고 (m)	17	17	**18**			
	수령 (년)	238	281	**318**			
소계	본수	784	126	**1,198**	2,108	351	2,459

일제는 조선의 동제(洞祭)를 미신으로 몰기 위해, 조선의 신목을 작고 볼품없는 나무로 폄훼하고 조작하였다

조선 초대 총독 테라우치 마사타케(寺內 正毅)는 조선병합 후 관제 개정에 따른 본부 및 소속관서 과장 이상에 대한 훈시에서 '암흑인 이곳(조선)을 점차 문명으로 개도(開導)하여 선민(鮮民, 조선인을 뜻함)으로 하여금 만족을 얻도록 함은 실로 지난한 사업이라고 생각'[95]한다고 하여, 자신의 임무가 '암흑', 즉 야만상태의 조선을 '문

95) 조선총독부. 1913. 조선통치 3년간 성적. 부록 '총독 諭告 및 훈시'

명'으로 개도하는 것이라고 언명하였다.[96]

무속과 동제는 한국인의 정체성과 단결을 강화한다는 이유로 일제 전시기를 통하여 다양하게 통제하였다.[97] 샤머니즘을 통한 피지배자들의 결속을 두려워한 나머지 '혹세무민의 미신'으로 몰아가 말살시키려 하였다.[98] 제국주의시대의 일본은 그들의 신도와 궤를 같이하는 우리의 동제를 미신으로 규정하고 타파함으로써 문화적 헤게모니를 장악하고자 하였다.[99] 일제의 민속신앙에 대한 인식이나 정책은 우리 민족 전통의 근원적인 모습을 없애고 자주의식을 없애려는 것이었음을 알 수 있다.[100]

테라우치(寺內) 총독의 훈시와 관련 연구를 바탕으로 신목이 명목보다 작고 볼품없어야 하는 이유를 정리해보자. 일제는 조선에서 신목이나 당산목으로 불리우는 노거수에 귀신이 있다고 생각하였고, 해당 노거수를 중심으로 행해지는 동제를 미신으로 규정하고 '미신타파'의 대상으로 하였다. 제사를 지내지 않는 명목 중 신목보다 큰 나무가 많으면, 작고 볼품없는 신목에 지내는 제사인 동제를 미신이라고 주장하기가 좋았던 것이다.

---

96) 권태억. 2014. 일제의 한국 식민지화와 문명화. 서울대학교출판문화원. 198 중 77.
97) 이방원. 2005. 일제하 미신에 대한 통제와 일상생활의 변화. 동양고전연구 24집. 281-314.
98) 박일영. 2015. 일제강점기의 종교정책과 샤머니즘. 한국무속학 31: 57-76.
99) 최경호. 1997. '미신타파' 이후의 동제와 마을의 정체성. 종교연구 13: 67-87.
100) 허용호. 2006. 일제강점기 경기도 민간신앙의 양상과 의미. 한국무속학 11: 339-383.

신목을 명목보다 왜소하고 볼품없게 조작하기 위하여 조사된 5,328본의 자료에서 책자에 넣은 3,170본을 고를 때 작은 크기의 신목을 선택했을 수도 있고, 한 노거수에 고사·전설이 여러 개 있는 경우 작은 노거수에는 신목에 어울리는 고사·전설을, 큰 노거수에는 명목에 어울리는 고사·전설을 선택했을 수도 있다. 이런 왜곡, 조작, 거짓을 꾸며야 했기에 『조선거수노수명목지』는 1916년에 조사된 자료를 1919년이 되어서야 세상에 내어놓았다.

일제는 신목보다 더 큰 명목이 많다는 설명의 증거 자료로 사용하기 위해 가슴높이 둘레 순으로 편찬한 것이다

조선의 신목을 작고 볼품없는 크기로 왜곡하고 그 신성성을 폄훼하기 위한 설명 자료 또는 증거 자료로 『조선거수노수명목지』를 작성한 것이다. 조선의 신목이 명목보다 더 작고 왜소하다는 날조된 내용을 사실인 양 쉽게 설명할 수 있도록 가슴높이 둘레 순으로 편찬한 것이다.

조선총독부 촉탁으로 있었던 무라야마 지준(村山 智順)은 『조선의 귀신』(1927년), 『조선의 풍수』(1931년), 『조선의 무격』(1932년), 『조선의 점복과 예언』(1933년), 『조선의 부락제』(1937년)[101], 『석전·기우·안택』(1938년) 등의 조사 자료를 발표한 인물이다. 무라야마는 『조선의 부락제』 서문에서 '부락제를 진지하게 거행하고 있는 마을이 대체로 건전한 마을 생활을 하고 있다'[102]라는 견해를 서술하고 있다.

『조선거수노수명목지』는 1919년에 발행되었고, 『조선의 부락제』는 1937년에 발행되었다. 18년이라는 긴 시간의 차이가 있어 조선의 신목에 대한 일제의 태도가 달라진 것인지, 한 개인의 견해인지 확인할 수는 없다. 다만 관련 분야 전문가인 일본인조차도 그 가치를 인정하던 조선의 신목과 동제를 미신으로 폄훼하고 탄압하기 위하여 일제는 『조선거수노수명목지』라는 날조된 거짓 자료를 만든 것이다. 조선의 신(神)조차도 조작되고, 폄훼되고, 탄압받았다는 사실이 더 슬프고 분하였다.

101) 조선의 동제(洞祭)를 무라야마 지준은 부락제(部落祭)라 칭하였다.

102) 무라야마 지준. 박호원 역. 2016. 부락제(部落祭). 민속원. 573.